KB209360

상 식

우리는 이러했다

도올 김용옥 지음

통나무

1919년 3월 동대문

3·1만세혁명은 세계사의 흐름을 뒤바꾼 거대 사건이다. 왕정이 민주의 가치로, 제국지배가 민족해방으로 전환되는 의식의 대혁명이었다. 이들의 "대한독립만세" 함성으로 대한민국 임시정부가 만들어졌고, 민주공화정의 헌법이 만들어졌고, 우리민족 민주국가의 역사가 시작되었다.

2025년 1월 광화문

윤석열은 통치 2년 반 동안 자기가 내건 "공정과 상식"을 철저히 배신했다. 그래서 민중은 일어섰다. 12·3쿠데타를 무산시킨 빛의 혁명은 19세기 세도정치 이래의 해묵은 불의를 일소하고 민주를 심화시켰다. 이것이 상식이다!

목차

서막

"엄마! 거머리가 온몸에 붙어 피를 빨아먹고 있어. 어떡해."

"나쁜 피는 좀 빨아먹어도 괜찮은데 이건 안되겠네. 괜찮아, 일어나서 떼면 돼. 걱정 마."

왕거머리에 손을 대니 뭉클, 나는 소스라치게 놀라 눈을 떴다. 눈을 뜨니 방에 있는 모든 형상이 의인화된 괴물처럼 나를 위압한다. 공부하는 책상에 있는 조명기구, 쌓여있는 책들, 서가의 모습 등이 나를 노려보는 괴물처럼 위압적으로 나에게 다가온다. 얼른 방불을 켰다. 방불이 들어오는 너무도 짧은 순간이지만 그 괴물들은 몸을 비트는 괴이한 동작을 하면서 사라진다. 내가 몇 년 전 동학의 성경인 『동경대전』의 주석을 달 때, 이 괴물들과 한바탕 싸움을 벌이다가 고꾸라져서 머리 한복판 정수리가 까져서 스물댓 바늘이나 꿰맨 적이 있다. 샘물이 솟아나듯 출혈이 심했다. 대형사고였다. 그 뒤로 무의식적이지만 유사한 사태가 발생하면 우선 불을 켠다. 정신을 가라앉힌다. 괴이한 형상들은 사라진다.

내 꿈에 특별한 의미가 있는 것도 아니고 내가 몽유병환자가 된 것도 아니다. 나는 비교적 안정적으로 건강하다. 변을 잘 보고 긴 시간 잠을 잔다. 그럼에도 불구하고 이런 꿈을 꾸고 괴물들과 격투해야만 하는 위기상황에 봉착하는 것은 나만의 심리상태가 아닐 것이다. 온 국민이 이념적 분별이나 감정상의 호오를 불문하고, 스트레스를 받고 불미스러운 의식상태에서 잠자리에 시달리고 있다는 것은 많은 사람들이 공통으로 호소하는 작금의 현상이다.

"웬지 불안해…… 빨리 끝났으면 좋겠어……"

엊그제 저녁 나는 국립극장에 있었다. 해오름극장에서 국립무용단의 『향연』이라는 작품을 보았는데 아름답고 신나기가 그지없었다. 궁정무용으로부터 민속무용에 이르기까지 전통을 고수하는 몸짓의 다양한 레퍼토리를 두 시간 채 안되는 시간의 연속 속에 봄 · 여름 · 가을 · 겨울로 분류하여 담았다. 이렇게 말하면 마치 전통춤의 잡동사니 옴니버스 공연처럼 오해를 줄 수도 있으나, 이 공연은 전통의상을 쓰면서도 색감을 고졸한 단색의 담백미를 극대화시키는 흐름 속에서 단순화시키고, 매듭을 활용한 무대연출이라든가 신바람의 동정의 리듬이 매우 절도 있게 연속성을 이루고 있어, 가장 전통적이면서도 전통을 초월한 색다른 차원의 미감을 과시한다. 나는 『향연』이라는 국립극장의 무대를 쳐다보면서 조선민족의 유장한 혼맥을 느낄 수 있었다.

국립극장 『향연』, 2024년 12월 19일.

춤과 노래의 민족

우리가 흔히 우리 고대를 말할 때 들먹이는 『위지동이전魏志東夷傳』의 「한전韓傳」에 다음과 같은 기사가 있다. 『위지동이전』이라는 것은 하나의 독립된 책이 아니고, 『삼국지三國志』의 한 부분인 위魏나라 역사를 가리키는데, 위나라 역사 중에서도 "동이東夷"를 기술한 전傳을 말하는 것이다. "전"이란 사마천 역사기술의 한 양식이다. 이 『위지동이전』을 집필한 사람은 진

수陳壽(AD 233~297)라는 서진西晋의 한 관원인데 여러분들이 잘 아는 조조보다 한 시대 아랫사람이고 『노자 도덕경』의 주를 단 왕필(227~249)과 동시대의 사람이다. "동이전"이라는 것은 방대한 인류학적 탐사보고서인데, 진수가 동이가 사는 지방을 다 밟고 다니면서 수집한 것은 아닐 것 같고, 그 이전에 이 지역에 관한 탐사보고서가 많이 있었던 것을 종합하여 이 귀중한 자료를 우리에게 전해준 것이다.

이 「동이전」은 또다시 「부여전」 「고구려전」 「동옥저전」 등등으로 나뉘는데, 끄트머리에 「한전韓傳」이 있다. 「한전」이 기술하는 지역문화는 전통예술의 본향이라 할 전라남도 · 진주문화권을 포섭한다. 거기에 이런 말이 있다.

> 매년 5월 파종을 끝내고 나면 땅의 신과 하늘의 신에게 제사를 지낸다. 사람들이 무리를 지어 한곳으로 모여, 노래를 부르고, 춤을 추며 술을 마시는데 밤과 낮으로 쉼이 없이 계속된다. 그때 추는 춤을 설명하면 수십 명이 같이 일어나 줄 맞추어 서로를 따라가는 식으로 전개된다. 땅을 확 내디어 밟는데 이때 머리를 내렸다가 다시 확 제껴 올리는 동작을 한다. 이때 사람들의 손과 발의 동작이 서로 주고받는 형태로 응답하게 된다. 그리고 마디마디를 끊어 연주하는 리듬음악이 반주를 담당한다. 민간의 방울춤과 유사한 느낌이 있다. 시월(상달)에 농사짓는 일이 다 끝나면, 위와 같은 동일한 제식이 행하여진다.

常以五月下種訖, 祭鬼神, 群聚歌舞, 飮酒晝夜無休。其舞, 數十人俱起相隨, 踏地低昂, 手足相應, 節奏, 有似鐸舞。十月農功畢, 亦復如之。

여기서 말하는 구기상수俱起相隨, 답지저앙踏地低昂, 수족상응手足相應, 절주節奏 등의 표현은 우리 무용의 디프 스트럭처를 다 말해주고 있다. 그날 국립극장 무대 위에서 펼쳐진 진쇠춤, 선비춤, 장구춤, 소고춤뿐만 아니라, 제의, 진연, 무의, 신태평무와 같은 정재呈才("재능을 바친다"는 뜻인데, 궁중무용 일반을 가리키는 용어)에도 그 디프 스트럭처는 전승되고 있다.

나는 그날 밤, 이 춤들을 연출한 천재적인 예술가 정구호에게 다음과 같은 전화메시지를 날렸다.

"나는 오늘 내 몸 안에서 고조선이 꿈틀거리는 것을 느꼈소. 홍익인간의 창조적 충동이 나의 혼을 일깨웠소. 우리민족의 저력을 다시금 확인했소. 순수지속이랄까, 순간의 간단도 없는 그 무대는 반만년의 예혼이 응축된 도약이었소."

선비춤 하나를 예로 들어봐도, 보통 선비춤은 매우 절제된 정적인 미를 주선으로 하는데 이날 무대 위에 올려진 선비춤은 매우 발랄하고 자유로운 율동이었다. 동래학춤의 춤사위에 한량무가 얹혀졌다는데, 한량무를 작무한 사람은 승무를 창작한 한성준이다.

한성준은 홍성사람인데, 『님의 침묵』을 쓴 만해 한용운과 같은 동네사람이다. 한성준은 한용운보다 나이가 다섯 살 위인데, 한용운의 아버지 한응준과 청주한씨 같은 항렬의 사람이다. 한성준은 진실로 한국인의 몸짓의 디프 스트럭처를 마스타한 춤의 대가였다. 한성준과 같은 지령地靈에서 만해 한용운이 태어났던 것이다.

살풀이춤과 발레

우리나라 전통춤의 대표적인 춤의 하나가 "살풀이춤"이고 이 살풀이춤의 심층구조는 모든 춤에 배어있다고도 말할 수 있는데, 이 살풀이춤을 무대예술로서 그 원형을 만든 사람은 다름아닌 한성준이었다. 승무와 동시에 살풀이춤을 구상했던 것이다. 승무가 개인의 해탈을 추구하고 있다면 살풀이는 우주적인 춤이다. 천지와 대결하면서 나의 몸에 낀 살煞을 풀어낸다. 지금 우리 역사에도 살이 낀 것임에 틀림이 없다. 살도 아주 막강한 살이 끼었다.

이 춤들을 서양의 발레와 같은 춤에 비교하면 매우 재미있는 구조적 대비가 드러난다. 발레는 우선 무인舞人의 몸의 곡선이 드러나는 데 반해, 우리춤은 몸을 감싸는 의상이 춤의 일부로서 우주적 곡선을 그린다. 전자는 드러남인데 반해 후자는 감춤이다. 전자는 발산인데 반해 후자는 수렴이다.

발레와 우리춤의 최대의 특징의 차이는 동작의 방향에 있다. 발레는 몸을 중력의 법칙에 반하는 역방향으로 뻗쳐나가게 만든다. 그러나 우리춤은 몸의 모든 동작이 궁극적으로 중력에 순응하는 순방향으로 수렴한다. 좀 더 정확히 말하자면, 뻗침이나 발산이 없는 것은 아니지만 그 뻗침을 다시 중력의 방향으로 수렴하는 동중정動中靜의 법칙을 따른다. 살풀이의 모든 순간에는 텐션이 있다. 즉 그 살풀이 동작의 고요함은 극도의 동動의 긴장을 포섭하는 고요함이다. 중력에 반하여 뻗쳐나가는 바이텔리티보다 중력에 순하는 텐션이 훨씬 더 지속적이고 창조적이고 우주적 기운을 응축시킨다. 재즈의 코드가 재미있는 것도 하나의 코드 속에 무한한 텐션, 인버젼, 확장, 대입 등이 가능하기 때문이다. 그것은 폐쇄된 조화가 아니라 자유로운 파격의 조화이다.

우리춤의 마력은 일음일양一陰一陽의 순환을 따르면서도 반중력의 엘랑비탈을 발산한다는 데 있다. 정구호의 연출은 적막한 듯이 보이는 전통을 최첨단의 아방가르드적인 다이내미즘으로 바꾸어 놓았다. 모든 사람이 한결같이 『향연』이라는 무대의 율동에 감동을 받았다. 국립극장 대극장인 해오름의 7회 공연이 개막 훨씬 전에 전석매진 되는 이례적인 호응도를 과시했다. 한국무용을 사랑하는 모든 이들의 텍스트가 되었다. 매표라인에 줄 서있는 어리고 훤출한 예고학생들의 호기심과 동경어린 눈매는 너무도 아름다웠다. 그들의 이데아가 『향연』의 무대에서 춤추고 있는 것이다.

그런데 나는 이 아름답기 그지없는 향연에 앉아있으면서도 불길한 느낌을 떨쳐버릴 수 없었다.

선비춤의 향연은 이 땅의 지식인들이 문화생활을 영위하며 여유롭게 삶을 즐기는 모습을 그리고 있다. 그토록 아름답게 이 땅의 문화적 상식은 성숙해왔다. 그런데 이게 웬일인가! 갑자기 국립극장 앞마당에 군 헬기가 날아오고 탱크가 장충동 길거리를 메우고, 무시무시하게 중무장을 한 특전사 군인들이 무대를 장악하고 폭약을 터뜨린다고 해보자! 민간의 평화로운 삶과 평상적인 예술적 질서가 군사적으로 분쇄되어야만 하는 "비상사태"라고 규정하고 있는 것이다. 누가? 왜? 왜 이것이 비상사태인가?

계엄령: 군과 경찰의 의미

계엄은 비상계엄과 경비계엄으로 나뉘는데 윤 대통령이 발동시키려 한 것은 경비계엄이 아닌 비상계엄이다. 경비계엄이란 대체적으로 비상계엄보다 도수가 약한 것이다. 이 계엄이라는 말을 하기 전에 우리 국민들은 군과 경찰의 차이를 알아야 한다. 옛말에도 내우외환內憂外患이라는 말이 있는데, 경찰은 국내의 치안질서를 담당하는 것이다. 그러니까 우리가 살고 있는 사회질서에 관해서는 경찰이 담당하는 것이지 군대의 소관이 아니다.

군대란 무엇인가? 국방國防이라는 말이 있듯이 군대는 외부의 침략세력으로부터 국가를 방위하는 조직이다. 그러니까 군대는 대외적인 무장세력이고, 경찰은 대내적인 치안조직이며 국가행정조직의 일부이다. 전쟁은 군인이 하는 것이지 경찰이 하는 것이 아니다. 마찬가지로 국내치안에 관한 것은 경찰이 담당하는 것이지 군인이 담당하는 것이 아니다. 국내의 좀도둑을 잡기 위하여 군대를 동원하지 않는다. 할 수 없는 것이다.

군대의 무력을 국내의 사태에 활용하기 위하여서는, 특별한 "경계넘기"가 필요한데, 그것을 가능케 하는 것이 "계엄"이라는 비상수단이다.

"경비계엄"이라는 것은 일반행정기관인 경찰의 힘으로만은 부족한 국내의 사태에 대하여 군대를 투입하는 것으로, 계엄사령관이 계엄지역 내의 행정 · 사법기관을 지휘 · 감독하는 것이다. 그러나 경비계엄의 경우는 국민의 기본권에 관한 특별조치가 허용되지 않는다. 체포 · 구금 · 수색 · 거주이전 · 언론 · 출판 · 집회 · 결사 · 단체행동에 관한 특별한 제한조치가 허용되지 않는 것이다. 그리고 일반국민을 군법회의의 재판에도 부칠 수 없다. 군법회의는 즉결처분이 가능하지만 경비계엄지역에서는 해당되지 않는다.

비상계엄의 의미

윤석열이 선포한 것은 경비계엄이 아닌 비상계엄이다. 비상계엄이라는 것은 전시戰時 · 사변事變, 또는 이에 준하는 비상사태에 있어서 적과 교전상태에 있거나 질서가 극도로 곤란한 경우에 군사상의 필요나 공안을 유지하기 위하여 선포하는 계엄이다. 이것은 해당지역의 모든 행정사무와 사법사무가 군의 관장하에 들어가게 된다는 것을 의미하며, 영장habeas corpus 없이 체포 · 구금이 가능하며, 언론 · 출판 · 집회 · 결사의 자유가 특별조치를 받게 되며, 징발 · 징용이 가능하고 모든 형사사건에 대한 재판이 군법회의에 의하여 행하여지게 된다. 그리고 군사재판에서는 일정한 죄에 관하여 단심單審으로 판결이 난다. 그러니까 비상계엄이란 국가의 모든 행정사무와 사법사무가 군정하에 놓이게 되는 비상사태를 의미하게 되는 것이다.

계엄선포의 불법성

단지 계엄이 대상으로 하는 것은 행정부와 사법부에 국한되는 것이며 입법부는 계엄의 대상이 되지 않는다. 윤석열의 계엄선포가 국회장악을 목표로 했다는 것은 윤석열의 계엄령 그 자체가 계엄의 자격을 지니지 못하는 불법적 선포라는 것이다. 그러니까 윤석열의 계엄은 국가의 공공질서를 위한 긍정적 통제가 아니라 국가의 체제를 거부하고 무질서를 지향하는 내란으로 규정되는 것이다.

대통령이 계엄을 선포한 경우에는 지체없이 국회에 통고하여야 하며, 국회는 계엄의 정당성을 판정할 수 있다. 계엄이 부당하다고 인정하는 경우에는 국회는 제적의원 과반수의 찬성으로써 계엄의 해제를 요구할 수 있다. 국회가 계엄의 해제를 요구한 때에는 대통령은 즉시 계엄을 해제하여야 한다.

계엄에 대한 정치적 · 대의적 통제를 실효성 있는 것으로 하기 위해서 우리나라 헌법과 계엄법은 계엄에 의하여 국회의 기능을 제한하지 못하게 하고 있다. 국회의원의 불체포특권은 계엄중에도 제한할 수 없다. 따라서 계엄중에서 국회의 정상적 기능은 최대한으로 보장되어야 한다.

윤석열은 비상계엄을 선포하는 순간부터 국회의 마비와 국회의원의 체포 · 무력화를 목적으로 1,500여 명의 군경을 동원했다 (수사가 진행되면서 총동원 숫자는 5,275명, 국회에 동원된 숫자는 2,515명임이 밝혀졌다). 그것은 계엄이 소기하는 바의 목적과는 전혀 동떨어진 내란이며, 국가의 도의道義와 무관한 소수의 난동에 불과한 것이다.

계엄은 예방적 조치로서 선포될 수 없다

우선 비상계엄은 비상계엄을 선포해야만 하는 객관적 요건을 충족할 때만이 그 선포가 정당성을 지닌다. 첫째, 전시, 사변 또는 이에 준하는 국가비상사태가 발생하여야만 한다. 그러니까 전쟁이 났거나, 대규모 무장폭동이 났거나, 자연재해가 일어났거나 극도의 사회질서 혼란상태가 현실적으로 발생한 경우에 한하는 것이다. "전쟁이 일어났다"는 것은 기존의 사실이다. 전쟁이 일어날 가능성이 있다는 예측으로 계엄은 선포되지 못한다. 계엄은 벌어진 사태에 대한 진압적인 비상조치이지 예방적인 조치가 아니다. 상황요건에 대한 판단권은 대통령이 갖지만 반드시 국회에 의하여 사후통제를 받아야 한다.

윤석열이 계엄을 선포할 당시, 우리나라는 평화로운 문명국이었다. 계엄을 선포해야만 하는 정당성이 아무것도 없었다. 선비들이 모여서 선비춤을 추고, 몸매 훤출한 여성들이 연두빛 치마 허리에 장구를 메고 구기상수, 답지저앙, 수족상응의 엑스타시를 구가하고 있는 그 평화, 평상, 평세의 자리에 계엄이라는 폭탄을 던진 것이다.

헌법상 계엄이 없는 나라도 많다

둘째, 군대를 동원해서야만 공공의 안녕질서를 유지할 수 있다는 필요요건이 객관적으로 있어야만 한다. 다시 말해서 군병력을 동원하지 않고서는 비상사태의 수습이 도저히 불가능한 경우에 한정되는 것이다. 경찰병력만으로도 수습이 가능한 때에는 계엄선포의 긴급성은 없다. 우리나라 경찰력의 실력으로 국내소요를 진압 못하는 상황은 없다. 계엄령이란 실제적으로 존재의 의가 없다. 전쟁이 나면 속전속결로 민첩하게 군대가 대응하면 될 것이요, 국내문제에 관해서는 군병력의 동원이 필요할 까닭이 없다. 독자들은 내 말에 의심을 느끼는 자도 있겠지만 국민의 기본권리를 마음대로 무시하고 유린할 수 있는 계엄법이 헌법에 명시되어 있지 않은 나라도 많다는 것을 기억해주기를 바란다.

그 외로도 계엄선포는 국무회의의 엄정한 심의를 거쳐야 하는 것이며 대통령 개인의 마음대로 할 수 없는 것이다. 그리고 법률이 정하는 절차와 방법에 따라야 한다.

2024년 12월 3일 밤, 10시 23분부터(26분, 29분 설도 있다) 윤석열은 비상계엄선포 긴급담화문을 읽기 시작했다. 이 시각에 나는 나의 서재에서 『시경』의 번역을 검토하고 있었다. 어떻게 『시경』을 번역해야 그것이 오늘 한국의 젊은이들에게 매력 있는 "유행가 가사"처럼 들릴까 하고, 요리조리 궁리하고 있는데 갑자기 책상 위의 스마트폰이 시끄럽게 벨소리를 냈다. 요즈음 스마트폰 기능 덕분에 나는 내가 아는 몇몇 사람들 외에는 번호를 다 차단시켰기 때문에 밤시간에 내 폰을 울릴 사람은 거의 없다. 그러니까 대강 우발적인 엉뚱한 전화가 울리는 것이다. 그래서 더욱 짜증이 난다. 고요한 밤의 고조선의 노래와 21세기 콘템포러리 벨소리는 영 어울리지 않는다. 그래서 짜증스럽게 스마트폰의 창을 들여다보았다. 혜화동로터리 근방에서 통닭집을 운영하고 있는 한신대 후배였다.

그는 한없이 착한 사람이다. 부인과 열심히 일하면서 매우 건강한 삶을 꾸려가고 있다. 무엇보다도 사진의 달인이래서 아름다운 조선땅의 자연광경을 시시철철로 담아내어 나에게 보내준다.

> "선생님! 큰일 났어요. 윤석열이가 계엄을 발표하고 있다구요. 이거 도무지 말이 안되는 것 같은데 진짜에요, 진짜! 빨리 화면을 보세요, 선생님! 피신하셔야 되지 않을까요? 제가 차 몰고 갈까요?"

강군은 난리통에 제일 먼저 생각난 사람이 나 도올인 모양이었다. 그만큼 그는 순박하고 착한 사람이다. 내가 김어준만큼이라도 유명한 사람이래서, 이런 상황에서는 위험하다고 생각한 모양이다. 나는 정치적 영향력에 있어서는 어준 총수에 비하면 쨉도 되지 않는다. 죽으라고 원고를 긁어대도 책 몇 권이 안 읽히는 초라한 서생일 뿐이다.

"걱정 말고 가게일이나 잘하고 있게. 나는 비상계엄 선포문 내용이나 검토해봐야겠네."

고조선문화권의 노래 대신에 갑자기 윤석열의 계엄담화가 내 의식의 중심으로 들어왔다. 그러나 그것은 분석의 대상이 되기에는 너무도 논리적으로 저열했고, 법리적인 근거를 제시하고 있지 못할 뿐 아니라, 그것을 읽는 윤석열의 표정 자체가 위선의 현시일 뿐이었다.

과연 누가 내란의 주체인가?

그가 열거하는 이유라는 것은 모두 대통령으로서의 자신의 치정治政의 오류일 뿐이었다. 아무개 탄핵, 예산삭감, 처우개선비 제동, …… 야당의 정당한 국회활동을 "입법독재"라고 규정짓고 이것은 자유대한민국의 헌정질서를 짓밟고, 헌법과 법에 의하여 세워진 정당한 국가기관을 교란시키는 것으로써, 내란을 획책하는 명백한 반국가행위라는 것이다. 국회는 범죄자집단의 소굴이 되었고, 입법독재를 통해 국가의 사법·행정 시스템을 마비시키고, 자유민주주의체제의 전복을 기도하고 있다고 말한다.

과연 내란의 주체가 누구인가? 누가 누구에게 내란을 획책한다고 말하는가?

자유민주주의의 기반이 되어야 할 국회가 자유민주주의체제를 붕괴시키는 괴물이 되었다고 단언한다. 지금 대한민국은 국회라는 범죄자집단 때문에 풍전등화의 운명에 처해있다고 진단한다.

이러한 윤석열의 언어를 분석해볼 때 그의 비상계엄의 소이연이 명백해진다. 그의 계엄이 노리는 것은 국회의 말살이고 처단이다. 그가 말하는 자유라는 것은 대통령으로서 하고 싶은 대로 할 수 있는 행동의 무제약성을 지칭하고 있는 것이다. 행정·사법은 내 말을 다 듣도록 다 길들여졌는데 입법기관이 유독 나의 의지를 벗어나 있기 때문에 계엄을 통해 입법기관을 해체하고 새로운 꼭두각시 국회를 만들겠다는 강력한 의지를 표명하고 있는 것이다. 윤석열 사유의 오류는 명백하다. 그는 헌법도 모르고 육법전서도 제대로 읽지 않은 자임에 분명하다. 헌법상 계엄의 대상이 될 수 없는 기관을 향해 계엄을 발동시키고 있는 것이다. 그리고 선포한다.

> "친애하는 국민 여러분! 저는 북한 공산세력의 위협으로부터 자유대한민국을 수호하고 우리 국민의 자유와 행복을

약탈하고 있는 파렴치한 종북반국가세력들을 일거에 척결하고 자유헌정질서를 지키기 위해 비상계엄을 선포합니다."

담화문 전반에서 윤석열은 자기의 입안에 대하여 부표를 던진 민주당의 행위를 조목조목 규탄하는 것으로 그의 비상계엄발동의 이유를 제시하였다. 그런데 막상 비상계엄을 선포한다고 표명하는 언어에는 갑자기 내재적 맥락과 관계 없던 "북한공산세력의 위협"이 등장하고, "파렴치한 종북반국가세력들"이 척결되어야 한다는 주장이 등장한다. "일거척결"이라는 말은 정치의 어휘로서는 적합치않다.

이것은 곧 자기 말을 듣지 않는 더불어민주당의 의원들이 모두 파렴치한 종북반국가세력이라는 것이다. 정리政理적으로 자기와 의견을 달리하는 모든 세력은 종북반국가세력이 된다. 이러한 논리는 8·15해방 이후의 우리나라 집권보수세력이 내세우는 한결같은 논리였다.

취임초기부터 하야권유, 뽑아놓고 보니 친일매국정권이다!

윤석열은 2022년 5월 10일 대한민국의 대통령으로 취임했다. 그런데 윤석열에게는 대통령취임 1년도 채 되기 전에 "당신은 도저히 대통령직을 수행할 수 있는 깜냥이 되지 않는 인물이니 대통령 노릇 좀 그만하소"라는 식의 하야를 촉구하는 성명, 시위가 줄을 이었다. 취임초기부터 하야의 요구를 맞이하는 대통령은 우리나라 정치사에서 유례가 없을 뿐 아니라, 그 이유가 그 본인의 언행에 있다는 것은 너무도 명백한 사실이다.

2023년 4월 24일, 성균관대학교의 교수·연구자들 248명이 윤 대통령의 퇴진을 요구하는 시국선언을 발표했다. 성균관대학교는 이런 시위에는 비교적 보수적인 학교인데 거유이자 독립운동가인 김창숙 선생의 훈도가 아직도 남아있는 듯, 개교 이래 최대규모의 선언사건을 감행했다.

그리고 2023년 5월 4일에는 개신교 목사 1,016명이 윤석열 정부 1년을 총평하는 시국선언을 했다. 그때 원로목사 김상근이 대표로 나와 한 이야기는 많은 이의 가슴에 인상 깊게 남아있다. 김상근 목사는 아주 차분하고 걱정하는 목소리로 윤석열에게 물었다:

"윤석열 대통령님! 1년이 지났습니다. 감당할 수 있겠습니까? 더 해도 되겠습니까? 솔직합시다. 나라가 거덜날 수도 있습니다. 더 늦기 전에 나라와 국민에게 충성하는 길을 찾으십시오."

길 잃고 헤매는 어린 아들을 걱정하고 염려하듯이, 무엇 때문에 그토록 버거운 일을 하겠다고, 그 일을 하기에는 생각이나 교양이나 심성의 품격이 모자라는 사람이 왜 그렇게 욕심을 부리냐고, 내려오면 그대도 해방될 것이고, 국가도 구원을 얻을 것인데 왜 그렇게 집착하냐고 타이르는 김상근 목사의 간곡한 충언에 조회수가 100만이 훨씬 넘었고, 격려댓글이 5천 개가 넘었다.

그가 종북반국가세력 범죄자들의 소굴이라고 규정하는 오늘날의 국회는 자신이 스스로 만든 업보일 뿐이다. 그는 취임(2022. 5. 10)하여 22대 총선(2024. 4. 10)에 이르기까지 2년이라는 시간여유가 있었고, 그 기간 동안 국민의 여론을 수렴하여 공명정대한 정치를 했더라면 여소야대의 조기 레임덕이 될 리가 없었다.

야당은 건실한 내부개혁을 통해 혁신적인 젊은 정치인들이 대거 등용되었고, 공천과정 자체가 개인적인 정실에 좌우되지 않는 객관적인 시스템에 의거하여 공명정대하게 진행되었기 때문에 국민들에게 신뢰감을 주었고, 당원들의 당에 대한 결속력이 강화되었다. 이러한 물갈이의 효과는 "패악질을 일삼은 망국의 원흉"이라고 윤석열이 규정한 야당의원들이 신속히 국회로 집결하여 불과 2시간 반 만에 계엄령해제를 의결하였다는 놀라운 민첩과 슬기와 용기로 표현되었다고 볼 수 있다. 여의도의 계엄령해제는 21세기 민주주의의 전위로서 전 세계시민들의 갈채를 받았다. 그 이벤트의 원만한 성취는 이념의 경향성을 불문하고 누구든지 민주주의의 승리라고 말하겠지만, 더 중요한 것은 "보편적 인간의 승리"라고 말해야 한다는 것이다.

12·3비상계엄 포고령

생각해보자! 계엄이 즉각 해제되지 않고 하루라도 시간을 끌었다면 어떻게 되었을까? 당시 계엄사령관 육군대장 박안수가 내린 포고령은 다음과 같다.

1. 국회와 지방의회, 정당의 활동과 정치적 결사, 집회, 시위 등 일체의 정치활동을 금한다.

국회의 정치활동을 금한다는 것은 계엄령의 권위 밖에 있다. 국민의 절대복종을 강요하는 것이다. 아래로부터 위로 통하는 모든 언론의 채널을 봉쇄하겠다는 것이다.

2. 자유민주주의체제를 부정하거나, 전복을 기도하는 일체의 행위를 금하고, 가짜뉴스, 여론조작, 허위선동을 금한다.

가짜뉴스, 여론조작, 허위선동, 전복을 기도하는 행위는 모두 윤석열을 정점으로 하는 권력체제가 해온 짓이다. 대다수의 국민들은 이런 조작에 참여한 바 없다.

3. 모든 언론과 출판은 계엄사의 통제를 받는다.

언론 · 출판의 자유는 사라지는 사회가 된다는 뜻이다.

4. 사회혼란을 조장하는 파업, 태업, 집회행위를 금한다.

일체의 시위가 사라지게 될 것이다.

5. 의료현장을 이탈한 모든 의료인은 48시간 내 본업에 복귀한다. 위반 시는 계엄법에 의하여 처단한다.

의료문제도 윤석열일당 자신들이 저지른 오류에 대한 반성이 전무하다. 우리나라 의료체계는 현대사회의 다원적 체제의 장점이 복합된 것이며 그 나름대로의 원칙을 가지고 자연스럽게 발전되어 온 것이다. 세계 의료체계 중 가장 모범적인 사례 중의 하나로 꼽히는 것이다. 그것은 일시적 독단에 의하여 마구 변경되어서는 아니 된다. 의과대학 정원도 그렇게 마구잡이로 변화를 줄 수 있는 것이 아니다. 의사들의 본업복귀를 각별하게 명령한 것은 의사들의 행태에 대한 대적적인 증오감을 나타낸 것이다. 그리고 "처단한다"는 표현을 쓴 것은 말 안 듣는 의사들은 쥐도 새도 모르게 죽여버릴 수도 있다는 것을 의미한다. 공포스러운 무지막지한 표현이다. 그리고 마지막에 다음과 같은 명령이 붙어 있다.

> **이상의 포고령 위반자에 대해서는 대한민국 계엄법 제9조에 의하여 영장 없이 체포, 구금, 압수수색을 할 수 있으며, 계엄법 제14조에 의하여 처단한다.**

영장 없이 체포 · 구금 · 압수수색, 그리고 처단할 수 있다는 것은 시민의 자유civil liberties가 완벽하게 묵살된 사회, 군정military rule에 의하여 시민사회의 법률적 과정이 정지된 사회가 된다는 것을 의미한다. 계엄의 구체적인 의미는 "영장 없이"라는 말에 상응한다. 미국은 계엄을 선포할 수 있는 명백한 헌법적 권리를 인정하지 않는다. 캐나다에도 계엄법은 없다.

역易이 말하는 천명天命

나는 12월 3일 밤 강병수 군의 전화를 받은 후, 여의도로 향하는 자동차 속에서 이재명 의원이, 우리는 즉각 국회로 가고 있으며 목숨을 바칠 각오로 가고 있다고 하면서 이 나라의 주인인 국민들이 국회로 와주셔야 한다는 호소를 들었다. 우리나라에 계엄이 선포되어야 할 하등의 이유가 없으며 의원들의 계엄해제 투쟁을 국민들이 직접 오셔서 뒷받침해주셔야 그것이 힘을 받을 수 있다는 그의 반복적 호소는 먼 암흑의 벼랑 끝에서 들려오는 것과도 같은, 조용하지만 폐부를 찌르는 절절한 호소였다. 그 명을 받음이 온 골짜기에 울려퍼지는 메아리와도 같아, 먼 곳, 가까운 곳, 그윽한 곳, 깊은 곳을 막론하고 구석구석에 미친다(其受命也如響, 无有遠近幽深)는 「계사전」의 말씀이 생각났다. 「계사전」의 저자는 다음과 같은 메시지를 남기고 있다:

수지래물遂知來物!

그렇게 울려 퍼지게 되니, 드디어 우리는 올 것을 안다는 뜻이다. 울려퍼짐의 진실 때문에 미래는 결정된다는 뜻이다. "래물"이란 "올來 것物" 즉 미래를 의미한다. 역易은 국회 앞 광장에 모이는 사람들의 모습을 "향響"이라 표현했다. 형체 없이 울려 퍼지는 소리라는 뜻이다. 진리의 퍼짐은 메아리와 같아 닿지 않는 곳이 없고 막을 수가 없다. 원·근·유·심에 미치지 않는 곳이 없다. 그렇게 되면 "올來 것物을 알게 된다知"는 것이다. 나는 올 것, 즉 민중의 승리를 확신하고 있었다. 민중의 승리를 역易은 천명天命이라 표현했다.

12·3 여의도 국회의사당과 인仁

통나무출판사 남 사장에게 전화를 걸어보니 이미 해병대와 공군을 제대한 두 아들을 데리고 국회로 가고 있었다. 국회 앞에는 이미 수천 명의 민중이 모여 있었다. 계엄군을 실은 장갑차 몇 대가 도로 한복판에 군중에 둘러싸여 있는 장면도 보내왔다. 군중이 장갑차의 사병들에게 욕을 하니까 욕하지 말라고 외치는 성숙한 아줌마의 모습도 비쳐졌다. 사병도 그냥 끌려나온 것인데 무슨 잘못이 있냐고 말리고 있는 것이다.

국회로 몰려드는 장갑차

남 사장이 보내준 국회 앞 여의도광장사진 중에서 가장 인상 깊었던 것은 그 난리법석통에도 어린 학생들이 악기를 들고나와 연주를 하고 있는 것이다. 계원예대 학생들이라 했는데 트럼펫 비슷한 금관악기를 불고 있는 앳된 학생이 여학생이었고, 건반 하나, 기타 한 명, 그리고 남미의 토속악기 같은 오묘한 소리를 내는 소簫, 그리고 두 명은 컴퓨터를 들고 소리를 믹싱하며 밴드에 참여하고 있었다. 그 어려운 정황 속에서도 팀에게 연락하여 악기를 들고 나오는 그들의 정성은 소도蘇塗의 하느님에게 민중의 소리를 전하기 위함이었을 것이다. 남 사장이 왈, 본인은 허둥지둥

12·3비상계엄 상황 중 계원예대 학생들의 국회 앞 공연.

"평화다!"라는 표어를 앞에 놓고 연주하는 모습이 참으로 평화로웠다.

대다가 옷도 제대로 챙겨 입고 나오질 못했는데, 악기를 챙겨 들고나온 스무 살 전후의 어린 학생들을 보니 좀 부끄러운 생각이 들었다는 것이다. 난리를 수없이 겪은 우리 민중은 난亂 중에도 음악을 찾고 질서를 찾고 여유를 찾고 예술적 송가를 찾는다.

그날 새벽, 천명天命은 울려 퍼졌고 계엄은 해제되었다. 앞서 내가 이것을 두고 민주주의의 쾌거라고 말하기보다 인간의 승리라고 말한 것은, 이러한 사건을 이해하는 우리에게는 타국의 역사와 견줄 수 없는 "인仁"의 감정이 살아있기 때문인 것이다.

인류사상 가장 많은 사상자를 낸 전쟁, 천만 명을 능가하는 젊

한밤중에 계엄소식을 듣고 즉각 국회로 달려온 시민들

은이들이 왜 죽는지도 모르고 죽어간 전쟁, 인류역사상 가장 의미 없는 대규모 전쟁이었던 제1차세계대전은 여러가지 근近·원인遠因을 댈 수 있겠지만, 사라예보에서 오스트리아–헝가리제국의 황위후계자인 프란츠 페르디난트 대공의 무개차를 향해 당긴 세르비아의 민족주의자이며 10대의 혁명가인 가브릴로 프린치프Gavrilo Princip의 총구에서 시작되었다. 국회 주변에서 단 한 발의 총성이라도 울렸더라면, 그것은 분명 동아시아의 새로운 지도를 그렸을 것이다.

윤석열은 불법적인 비상계엄의 비상사태를 정당화할 수 있는 전쟁사태를 갈망하는, 인과복합적 사태파악능력이 부족한 전쟁광이라 말해도 무방하다. 윤석열과 함께 쿠데타 프로그램을 짠 사람들이 HID(Headquarters of Intelligence Detachment, 육군첩보부대) 북파공작원을 활용하려 했던 것은, 이들은 남파북한군인과 외형상 구분이 불가능하기 때문이다. 즉 자기들의 모든 음모를 북한의 획책으로 돌리는 단서를 제공하려 했던 것이다.

청춘이 깨어난다

4일 새벽의 계엄해제대첩은 한국인의 심성에 수천 년 뿌리내린 "인仁한 마음"의 승리라고 말할 수밖에 없다. 계엄이라 한들, 이 땅의 주인인 나를 쏴죽일까 보냐 하고 당당히 가슴 내밀고 몰려드는 민중들! 남 사장이 전하는 바에 의하면 시위현장에서 처음으로 스무 살 전후의 여성과 남성이 확 눈에 띄는 광경을 목격했다는 것이다. 너무나도 오랫동안 보지 못한 광경이라서 눈물이 왈칵 쏟아지더라는 것이다. 드디어 깨어나는구나! 동토가 사라지고 새싹이 움틀거리는구나!

군대의 움직임만 해도 그렇다. 사병들은 아무것도 모르고 가라는 데로 간 것뿐이다. 그들은 테러현장으로 가는 줄 알았는데 내려보니 평화로운 서울 한복판, 내린 곳의 국회건물을 몰라보는 한국인은 없을 것이다. 그들을 마주하는 사람들은 매우 노말한 상식인들! 어떻게 이들에게 총부리를 겨눈단 말인가!

5·18광주민주항쟁

전두환은 1980년 5월 17일 비상계엄을 선포했다. 전 국민이 항의할 생각을 하지 못하고 숨죽이고 있을 때 오직 광주시민만이 일어났다. 5·18민중항쟁(1980년, 광주)에 투입된 전두환 조종의 공수부대는 무자비하게 광주시민들에게 발포를 했다. 개돼지 때려잡듯이 시민을 총개머리판으로 마구 짓이겨 놓았다. 어찌 이런 짓이 가능할 수 있었단 말인가? 물론 광주의 경우는 공수부대를 움직인 주체가 정통 군인이다. 군에서 잔뼈가 굵어진 군인들이 부대를 꽉 잡고 움직인 행동이다. 군대를 가보지도 않은 검사 출신의 인물이 갑자기 권력을 잡고 휘두르는 상황과는 근본이 다르다. 그래도 5·18항쟁 당시 공수부대의 행동은 시위진압이 아니라 평화로운 일상적 시민들을 상대로 한 학살극이었다(※ 현재의 공수부대는 이 당시의 정황과 무관하다). 지금도 이런 말을 듣는 많은 이들이 소름끼치는 장면들을 연상해낼 것이다. 기실 나도 외가가 금남로 한복판에 있었기 때문에 당시의 긴박한 느낌을 전해 받았다.

그리고 전두환은 육사11기가 주도하는 하나회 중심으로 전군의 장들을 조직해놓았기 때문에 확고한 명령체계를 확보해놓고 있었다. 그러나 윤석열의 경우는 군대 내 사정에 정통한 사람도 아니고, 대통령이라는 사람과의 사적 커넥션으로 암약하는 몇 명의 명령체계로 전군을 콘트롤한다는 것, 그 자체가 넌센스에 가까운 일이었다.

아무리 그렇다 해도 광주에서 공수부대원들이 벌인 학살극은 상식적으로 이해가 가질 않는다. 우리민족이 그렇게 잔인했던가? 그런데 이러한 문제에 대해서도 많은 설명방식이 있다. 파견될 공수부대원들을 며칠씩 굶겨가며 하드한 훈련을 시키면서 술을 멕이고 거의 최면상태에서 지금 광주가 북한에서 내려온 빨갱이들에 의하여 장악되었으니 광주를 탈환하는 임무가 너희들에게 주어졌다는 식의 애국세뇌교육을 호되게 받았다는 것이다. 나중에 술이 깬 후에 피바다가 된 광주시가를 보고 한탄을 하는 부대원도 있었다는 식의 루머가 나돌았다. 이러한 문제에 관한 엄밀한 보고는 있을 수가 없다. 전두환세력이 권력을 장악했고 그 후 16년 동안 광주의 진상조사는 눈물 속에 파묻힐 수밖에 없었기 때문이다.

5·18 광주민중항쟁이 한참 피크의 긴장상태로 올라갈 때, 나는 하바드대학에서 박사학위논문을 쓰고 있던 학생이었다. 아이러니칼하게도 내가 박사과정을 밟고 있을 동안에 한덕수도 경제학과에서 박사학위과정에서 정식학생으로 논문을 쓰고 있었다. 경제기획원에서 파견 나온 사람들은 대개 케네디스쿨이라는 곳에서 단기간의 훈련과정을 거치는데, 한덕수는 문리과대학 경제학과에서 정식의 박사후보생 Ph.D. candidate으로서 공부하고 있었다. 나와 사이언스 라이브러리라는 도서관에서 가끔 마주치곤 했는데 매우 열심히 공부하는 사람이라는 인상을 받았다. 그때 경제학이라는 것은 대개 수리에 의거한 모델 만드는 학문이었기 때문에 나와 이야기를 할 수 있는 토픽은 별로 없었다.

광주학살의 소식을 들은 우리 유학생들은 광주항쟁의 비극을 묵과할 수 없다고 생각했다. 특히 광주혁명콤뮨을 분쇄하는 작전에 20사단을 활용하는 것을 한미연합사가 인정한 사실에 우리는 분노했다. 전두환 신군부가 20사단의 작전통제권의 이양을 요청하자 한미연합사령관은 그것을 기꺼이 수락했다. 미국의 허락 없이 움직일 수 없는 20사단을 광주콤뮨분쇄작전에 사용한 것은 미국의 한국이해의 전형적 한계성을 보여주는 상징적 사건이다. 그것은 해방 후 한국인 자체의 자치조직인 인민위원회를 무자비하게 진압하여 좌 · 우대립구도를 만들었던 미군정의 행동패턴과 동일한 연속선상에 있다. 광주콤뮨을 리드했던 시민 · 학생수습대책위원회는 전두환 신군부의 소탕작전을 앞두고 투항과 결사항전의 갈림길에 몰리게 되었다. 결국 투항을 거부하고 죽음의 행진을 계속한 소수정예의 항쟁지도부는 5월 26일 밤 전남도청을 중심으로 마지막 전투조를 편성했다(이들이 한강의 『소년이 온다』의 주인공이 되었다. 이들의 영예로운 죽음이 우리민족에게 노벨상을 안겨준 것이다). 광주시 외곽에 봉쇄선을 펴고 있던 20사단은 전 병력이 중심가를 포위한 공격개시선으로 이동하면서 포위망을 압축했다.

5월 26일 밤 광주시 전역에는 음산한 침묵이 흑암의 "님"을 부르고 있었다. 이날 밤 73만 광주시민의 가슴은 피멍이 들지 않은 사람이 없었다. 1980년 5월 27일 새벽 4시가 지나면서 총성이 울리기 시작하였다.

보스톤에서 경험한 5·18

이토록 어마어마한 사건이 진행중인데도 서울사람들은 광주의 진상을 잘 알지 못했다. 모든 보도가 폐쇄되었기 때문이다. 그러나 보스턴에 살고 있던 우리에게는 미국의 언론매체를 통하여 비교적 소상하게 사건의 추이를 알 수 있었다. 그때는 『한국: 보르텍스의 정치*Korea: The Politics of the Vortex*』의 저자인 그레

고리 헨더슨이 보스턴 외곽의 저택에서 살고 있었고, 나는 그와 친하게 지냈기 때문에(그는 대단한 골동수집가였는데 나의 고전지식을 존중했다), 그의 집을 자주 왕래했다. 헨더슨은 한국 5·18사태에 관하여 진보적인 소견을 『뉴욕타임즈』에 발표했다. 나는 그로부터 광주에서 벌어지고 있는 일에 관해 좀 얻어들을 수 있었다.

우리 학생들에게 들려온 소식 중에서 가장 참혹한 이야기 중의 하나가 이런 것이다. 계엄군이 여고생을 도청 앞 분수대에 산 채 매달아놓고 M16대검으로 가슴을 찔러 유방을 도려내고 철철 흐르는 피를 사람들이 보게 하면서 겁을 주었다는 것이다. 이것이 사실이든 아니든, 5·18항쟁의 역사적 현장이 얼마나 잔혹한 무법천지였는가 하는 것을 알려주기에 충분한 단서를 제공하는 것이다.

내가 귀국하여 고려대학 교수로 재직하던 시기에 채집한, 학생들이 부른 노래 중에 이런 가사가 있다. 당시 대학생이라면 누구든지 부를 줄 알았던 "오월의 노래"!

꽃잎처럼 금남로에 뿌려진 너의 붉은 피
두부처럼 잘리워진 어여쁜 너의 젖가슴
오월 그날이 다시 오면
우리 가슴에 붉은 피 솟네

왜 찔렀지 왜 쏘았지 트럭에 싣고 어딜 갔지

망월동에 부릅뜬 눈

수천의 핏발 서려있네

산 자들아 산 자들아

모여서 함께 나가자!

욕된 역사 고통 없이 어찌 보듬고 나가랴

피! 피! 피!

지금 이 원고에 펜을 옮기는 나의 손길 위에도 "두부처럼 잘리워진"이라는 싯구에 눈물방울이 떨어지지 않을 수 없다. 보스턴 캠브릿지에서 발을 동동 구르던 시절의 감정이 치솟기 때문이다. 나는 이런 참혹한 소식을 들으면서 『비분시일백운悲憤詩一百韻』을 한시로 썼다. 이 장편의 한시는 명말청초의 유로遺老 왕부지王夫之가 26세 때, 이자성이 경사京師를 함락시킨 것을 또 다시 청병이 북경을 평정함으로써 한인의 나라인 명나라가 실제적으로 멸망했다는 소식을 듣고 그 비분강개한 심정을 쓴 시의 형식을 빌린 것이다. 한자의 운을 밟아 가며 쓴 이 시는 나로서는 정말 심혈을 기울인 시라 말할 수 있는데 귀국 시에도 책더미 속에 있었고 신촌 봉원동에 살 때도 다락에 있었는데, 그 후로 이사하는 과정에서 사라져 영 찾을 수가 없다. 참으로 안타까운 일이다. 일시적 감홍에서 쏟아져 나온 한시는 다시 재현하기가 불가능하다.

보스턴 지역에서 공부하는 학생들, 나의 학생아파트에서 열린 세미나그룹을 중심으로 우리는 데모를 준비했다. 미국정부에게 신군부를 지지하는 것은 앞으로 한국정치에 구원久遠하게 악영향을 끼칠 것임을 말하는 스테이트먼트를 미국대통령 지미 카터에게 보내고 우리는 보스턴 시청 앞에서 시위를 했다. 보스턴 주변의 하바드대학, MIT, 그리고 터프스대학 3개 대학에서 약 20명 가량의 학생이 참여하였다. 우리의 시위는 지방신문에 소략하게 보도되었다. 어떤 학생은 가면을 쓰고 나왔다. 주동자들은 가면을 쓸 이유가 없었다. 가면이라도 쓰고 나와 참여한다는 것이 고마울 뿐이었다.

내가 지금 이런 이야기를 하고 있는 이유는 우리역사가 얼마나 지난한 과정을 거쳐 오늘의 K-컬쳐 운운하는 이 사회의 모습에까지 이르게 되었는지를 새삼 일깨우려는 것이다. 광주의 학살이 일어나던 해에 태어난 사람이 지금 벌써 만 44세를 넘어가고 있다. 그렇다면 우리나라 2·30세의 청년들에게 이러한 얘기는 마치 내가 일제강점시기를 경험한 사람의 이야기를 듣는 것과도 같은 까마득한 이야기가 될 것이다. 그러나 오늘 우리사회의 암적 권력을 장악하고 있는 사람들은 광주에서 순결한 시민의 가슴을 도려내던 바로 그 사람들과 물리적인, 구체적인 연계선상에 있다는 것이다.

요번 계엄광란은 전두환신군부의 작란作亂보다도 더 음험하고, 더 악랄하고, 도덕적으로 더 용서할 수 없는 성격을 지니고 있다. 전두환의 집권은 일차적으로 박정희군사독재의 연장선상에서 규정될 수밖에 없다. 박정희군사독재정권이 자체의 모순에 의하여 붕괴되는 "처단사건"의 공백을 메꾸려는 군부 내 계파간의 보르텍스(정상에 오르려는 먼지들이 일으키는 회오리바람의 모습)의 매카니즘에 의하여 설명이 되는 것이다. 그 보르텍스의 과정에도 국가운영의 정치는 유지되고 있었다.

12·3비상계엄과 히틀러의 국가사회주의

그러나 윤석열의 계엄광란은 이미 국민의 과반수에 의하여 인가를 받은 최고권력자가 국민 전체를 영구히 자기의 꼭두각시로 만들기 위하여 획일적인 복종의 굴레 속에 국가체계 전체를 재편하겠다는 야심을 폭로한 것이다. 우리나라 어떤 지도자도 왕정을 벗어난 민주주의 그 자체의 원칙과 원리를 근원적으로 부정한 사람은 없었다. 그러나 윤석열은 3권분립의 민주주의 그 자체를 근원적으로 부정하기 위하여 폭압적인 군정 속에 국가를 빠뜨리려 한 것이다. 윤석열은 히틀러가 되기를 원했던 것이다. 히틀러의 말 한마디에 일사불란하게 전 국민이 움직이는 소음 없는 사회, 그러한 질서를 동경했던 것이다.

그러나 히틀러의 경우는 제1차세계대전에서 패배하고 너무

과도한 책임과 보상의무에 시달렸던 국민들 자신이 히틀러와 같은 탈출구를 원했던 것이다. 히틀러의 국가사회주의(Nazism)는 국민의 열망에 부응하면서 일어났다. 히틀러는 그것을 극우의 전체주의적 사회・정치이념으로 전환시켜나갔던 것이다. 그러나 윤석열은 전혀 이러한 사회적・역사적 흐름과 무관하게, 넌센스적인 개인의 부귀열망을 성취하기 위하여 전 국민을, 전 역사를 파멸의 구렁텅이로 몰아넣으려 했던 것이다.

우리 국민의 대다수는 이렇게 생각했다. 대통령을 하기에는 너무도 체험과 인품과 인덕과 인격과 상식이 부족한 사람이 억지로 대통령노릇을 하자니 얼마나 버거울까? 쯧쯧쯧, 딱하기도 하지, 대통령직이란 매일매일 중대한 결정을 해야하는데, 사람을 때려잡기만 했던 검사인생체험에서 묘방은 발견되지 않아, 정의로운 답안을 내주는 친구도 없고 정무보좌도 없고, 자신에게 정신적으로 상위에 군림하고 있는 오-썸한 마누라의 편잔 속에서 내리는 결정이라는 것은 국민의 여론과 이반될 뿐! 이런 이반이 쌓이다 보니 국민도 퇴진・하야성명을 내기 시작했고, 이 성명이 이 사회의 정의를 구현하는 대표적인 기관인 천주교정의구현사제단 같은 데서 성명이 나오는 것은 의례적이라 해도, 점점 그 바톤을 이어 퍼져가는 품새가 심상치 않다.

대학교수들, 사회원로들이 바톤을 이어가는 것은 그런대로

봐줄 수 있는데 그 불길이 대학생, 심지어 중·고등학생들에게까지 번지고 있다. 일제강점기를 통관하는 꾸준한 학생의거, 그리고 4·19혁명 이래, 서울의 봄을 거치면서 1세기 동안 근세조선의 정의를 구현해온 학생주축의 구국운동이 시들해진 것처럼 보였다. 대한민국의 10대·20대 세대들은 자본주의체제 속에서 오직 스펙쌓으며 생존경합에만 연연해하는 극보수 정치세력으로 낙인찍혀 왔다. 이러한 괴이한 현상의 배후에는 "진보"를 표방한 세력이 사회악의 제거에 너무 소극적이었다는 사실이 있다. 정치라는 것은 윤리이론의 강론이 아니다. 악에 대한 명료한 의식을 가지고 자신의 정의로운 주장을 관철시킴으로써 국민의 마음(민심民心)을 얻는 행위이다. 절호의 기회를 얻은 진보세력이 그 기회를 사회·역사방향이 지선至善으로 전환케 되는 카이로스의 계기로 활용하지 않았다는 것, 혼신의 힘을 쏟지도 않았고, 진냥 싸우다가 얻어터져 케이오 당한 것도 아니고, 그냥 시시하게, 안일하게 물러나 앉았다는 그 무기력한 모습에 이 땅의 젊은이들은 깊은 실망을 느낀 것이다. 그 진보의 무기력함에 자본주의의 시스템적 구속은 점점 강하게 젊은이들의 미래와 희망을 박탈하였다는 것이다.

청춘은 영원히 보수화될 수 없다

이러한 박탈감 때문에 정견이 보수화된다는 것은 순리대로 이해해 주기가 어렵다. 결국 이 나라의 미래는 젊은이들의 것이다. 나 같은 세대의 사람들에겐 미래라는 시간이 얼마 남아있지도 않다. 젊은이들은 영원히 보수화될 수 없는 것이다. 청춘은 생리적인 존재 그 자체로 열정이다. 열정이란 자신의 열망 속에 자아를 망각하는 것이다. 청춘만이 진실로 사랑에 빠질 수 있다. 늙은이들의 사랑은 순결과 거리가 멀다. 그것은 계산이며 이해득실의 문제이다. 청춘의 사랑이란 그것이 아무리 이기적 욕망에서 시작하였더라도 결국은 대의에 헌신하는 것이다. 4·19를 거쳐 1970년·80년대의 열망도 결국은 대의에로의 헌신이었다. 그 에너지 때문에 우리역사는 정의로운 열망을 유지할 수 있었던 것이다.

한국의 젊은이들이 오늘의 박탈감이나 자기를 둘러싼 환경의 무기력 때문에 보수화되고 순응의 골목길을 찾아다닌다면 그것은 가증스러운 퇴락이다. 청춘은 현재가 아니고 미래다. 급속하게 성장하는 일음일양一陰一陽의 싸이클 속에서 변화를 추구한다. 변화는 역易이며, 역은 곧 생생生生이다. 그것은 창조적 진화이다. 젊음은 현재로써 절망하거나 낙망할 수 없다. 시간은 그들편에 서있다. 부유富有의 대업大業, 일신日新의 성덕盛德을 도외시하고, 통변通變의 사업을 방치한다면 그들에게는 미래가 없는 것이 아니라 현재가 없는 것이다. 우리가 살고 있는 사회의 건강은 개인의 만족을 넘어서는 보편적 가치가 지배할 때만이 유지되는 것이다. 청춘의 고등한 이상이 가치 있는 것이라는 상식이 널리 유포되어 있는 보편적 감성이 지배하는 사회만이 문명화된 사회의 열정이다. 청춘은 미래를 창조해야 한다. 창조는 개벽이다.

스스로 천하의 도를 모험하는 것이다.

윤석열의 등장은 한국의 젊은이들에게 위기의식을 심어주었을 뿐 아니라, 진보 아니면 보수라는 이분법적 사고를 근원적으로 분쇄시켰다. 그리고 자신의 미래를 스스로 개척하지 않으면 아니 되겠다는 주체적 각성을 심화시켰다. 역사는 아무에게도 맡길 수 없다. 젊음 그 스스로 만들어가는 것이다. 뿐만 아니라 젊음의 열정은 "경상도는 보수"라는 철통같은 신념을 허용하지 않았다. 지역성의 정치적 규정은 민주주의 토대를 무너뜨린다. 청춘은 그러한 지역성의 한계를 돌파한다.

경상도는 보수의 콘크리트가 아니다

원래 경상도는 우리나라 정치사에서 의거의 선봉지역이었다. 신명이 강한 경상도 사람들은 불의에 항거했다. 안동 지역은 서간도에 독립기지를 구축한 가장 전위적 인물들이 많이 배출된 곳이며, 풍산뜰의 가일마을은 걸출한 사회주의자들을 많이 배출하였다. 해방 후에도 제주4·3민중항쟁, 10·19여수민중항쟁이 모두 이미 대구 10·1민중항쟁에서 미군정과 민중의 대립이 격화된 것을 그 선구적 사례로 삼는다. 박정희의 친형님인 사회주의자 박상희가 희생된 것도 이 대구항쟁의 진행과정 속에서 일어난 사건이다.

4·19혁명도 그해 2·28대구학생의거(고등학생이 주동세력)를

시발점으로 하는 것이며, 3·15부정선거 마산의거에 참여한 김주열 열사의 시신이 왼쪽 눈에 최루탄이 박힌 채 마산 중앙부두 앞바다에 떠오른 것이 결정적인 계기가 되었다(1960년 4월 26일 이승만의 하야).

계엄 바로 전날인 2024년 12월 2일, 고려대학교 학생 265명이 고려대학교 중앙광장에서 시국선언문을 낭독하였다. 4·19혁명의 도화선이 고려대학교 4·18학생시위였다는 사실을 연상케 하는 사건이었다: "선배들의 정신과 민주주의 역사를 써온 모든 국민을 따라 대학생이자 청년, 주권자 국민으로서 윤석열정권을 몰아내는 데 모두 함께 앞장서길 바란다."

성성지화星星之火, 가이료원可以燎原! 한 똥의 불꽃이 거대한 평원을 불사를 수 있다! 이제 전국의 들판이 불길에 휩싸일 그런 시기였다. 그럼에도 불구하고 아무런 자기반성이나 대처를 하지 못하고, 무자비한 거부권만 행사해온 윤석열! 그 최후가 다가오고 있는 듯한 느낌을 국민 모두가 느끼고 있었다.

그런데 이게 웬 말이냐? 대통령 본인이 자기를 대통령으로 뽑아준 국민을 향해 "너희들은 반국가세력이다. 까불다가는 내 손에 쥐도새도 모르게 죽을 수 있어" 하는 식의, 영장 없이 체포·구금·처단이 가능한 암흑의 신, 계엄카드를 내밀었다. 그리고 놀라웁게도 두 시간 반 만에 국민의 함성과 국회의 양심은 계엄을 해제시켰다(2024년 12월 4일 새벽 1시 1분).

국회에서 계엄해제안이 가결된 후에도 윤석열은 용산 합동참모본부 전투통제실에서 울분을 토하며 "해제됐다 하더라도 내가 2번, 3번 계엄령 선포하면 되는 거니까 계속 진행해"라고 말했다. 국회의사당의 국회의원들은 자리를 뜨지 않았고 밖에 있는 시민들도 비상계엄해제담화문이 나오기까지 시위를 멈추지 않았다. 새벽 4시 27분에나 윤석열은 해제담화문을 발표했다.

비상사태의 하등의 근거도 없이 순전히 자신의 정치행위의 실패로 인하여 국민을 향해 계엄령을 선포한 것은 유례가 없을 뿐 아니라, 또 두 시간 반 만에 그러한 폭압적 계엄령을 해제시킨 국민의 함성 또한 유례가 없는 것이다. 외면적으로 사태의 추이를 따라간 사람은 누구든지 윤석열이 궁지에 몰려 대통령으로서 할 수 있는 마지막 카드를 내밀은 것이고, 그 카드의 효력이 두 시간 반 만에 다하여 백지화되었다면 누구든지 그 마지막 카드를 내민 사람은 자괴감이 없을 수 없을 것이라고 생각할 것이다.

불법계엄선포에 대한 일말의 반성이 없는 인간 윤석열

그러나 드러난 메시지는 그러한 유추의 흐름을 벗어난다. 우선 윤석열은 자신이 발동시킨 계엄이 해제된 것에 대한 담화문을 발표했는데(12월 4일 새벽 4시 27분), 그 계엄해제 담화문에서 이미 "국가의 본질적 기능을 마비시키고 자유민주주의 헌정질서를 붕괴시키려는 반국가세력에 맞서 결연한 구국의 의지로 비상계엄을 선포한 것"이라는 선포의 정당성을 먼저 대전제로 내걸었다. 그리고 국회의 해제요구를 수용하여 국무회의를 통해 계엄을 해제할 것이다라고 말했다. 그리고 말하기를 "다만, 즉시 국무회의를 소집하였지만, 새벽인 관계로 아직 의결정족수가 충족되지 못해서 오는 대로 바로 계엄을 해제하겠습니다"라고 말하면서 새벽 4시 30분의 정황을 이야기하고 있다. 그러나 가장 결정적인 담화문 내용은 제일 마지막 문구에 압축되어 있다. 이 문구야말로 인간 윤석열의 모든 음험한 책략이 숨어있는 뱃심이라 할 것이다.

"그렇지만, 거듭되는 탄핵과 입법농단, 예산농단으로 국가의 기능을 마비시키는 무도한 행위는 즉각 중지해줄 것을 국회에 요청합니다. 감사합니다."

아니, 전투로 말하자면 이미 패장인데, 무슨 요청이 있을 수 있겠는가? 더군다나 계엄선포의 핵심적 테마를 재주장하고 있는 것이다. 그의 계엄선포가 국회의 마비, 무화無化에 있었다는 것은 해제담화문에서도 명백히 드러나고 있다. 국회는 근원적으로 계엄의 대상이 될 수 없는 것이다. 대통령은 대통령 개인의 배우자를 보호하기 위하여 있는 권좌가 아니다. 배우자 김건희가 수도 없이 많은 범죄안건에 걸려있는 사람인데, 세 번, 네 번, 아니 계속 거부권행사를 할 것인가? 그러면서 국회의 탄핵과 입법농단 운운하는가? 국민들의 마음이 오죽이나 답답할까, 사소한 일로 억울하게 옥살이를 하는 사람들이 오죽이나 원통해할까?

대통령 직함과 나의 부인의 존재는 별개의 차원의 문제! 나의 부인에게 혐의가 있으면 나와 무관하게 객관적으로 수사를 진행하시오라고 당당하게 법리를 준수한다면, 과연 그대가 오늘 계엄소동을 벌일 이 지경에까지 이를 필요가 있었겠는가? 타인에게는 하찮은 죄목까지 수백 번 꼬치꼬치 파헤쳐 파국으로 휘몰면서 자신이 연루된 거대죄악은 대통령의 권력을 사용하여 은폐하려고 할 때 과연 그것이 하늘에게는 무슨 꼴로 보이겠으며, 민중의 상식에는 어떠한 위선으로 보이겠는가? 그럼에도 윤석열은 계엄선포에 대한 정당성 주장에서 한치도 물러난 적이 없다.

새벽에 일어나
동창을 여니
언덕 너머 눈부시게 찬란한
차가운 햇빛이
말라빠진 가랑닢
사이사이로
생명의 꿈을 부풀린다

저기 저 낙송의
푸름은 여전하고
햇살은 비단솜처럼
보드라운데
어찌하여 나는 이 신선한
자연을 이대로 향유할 수 없단말가

찬연히 떠오르는

저 개벽의 햇살이

나의 눈을 멀게 하고

비통한 운명을 노래부르게 하고

의식에 먹구름을 드리우네

하느님은 정녕코

아사달의 약속을

철회하신단 말인가

문자가 흘러나오는

나의 의식의 비탄이

붓길조차 어둡게 만든다

나는 죽음의 마왕처럼

나의 말을 달리게 하고 있다

과연 나는 어디로 가고 있는 것일까

시간조차 흐름을 거부하고

내 머리는 철벽에 부딪힌다

철철 흐르는 핏줄기로

나는 쓰고 또 쓴다

상식이여 일어나라

민중이여 외쳐라
용서는 없다
거짓은 뿌리내릴 곳 없다
이 조선땅에 단군의 숨결을 생생한
생명의 씨앗들이여
모두 눈을 떠라
새싹을 틔여라
개벽하여라

해월이 깨어난다
만해가 용트림 친다
다시개벽의 합창을 부르자
죽은 듯이 보였던
갈색의 가랑닢이
다시 핏빛이 돌며
참새의 지저귐을 쓰다듬는다
저 노송은 묵언한다
말하라
일어서라
저들의 죄악을 실록에 새겨라
민중의 좌절을 허락치 마라

끝순간까지

아라불의 저주를

백두대간이 뿜어내는 썰숨에

다 씻어버려라

나는 호곡한다

나의 붓이여 달려라

죽음의 그림자를 앞질러라

신시의 백성에게

마라톤의 승리를 전하는

그날까지!

2024년 12월 27일 새벽

과즉물탄개

그 동안에 밝혀진 여러 사실을 종합해볼 때, 윤석열의 계엄령은 국민들의 혐오감이 축적되어 쌓여간 시국선언문 더미 속에서 더 이상 대통령직을 수행하기 곤란하다고 판단한 끝에 궁여지책으로 내놓은 안案이 아니라, 이미 취임초기부터 그의 의식 속에 계엄령이라는 대통령의 권한은 그가 취할 수 있는 만사형통의 카드로서 자리잡고 있었다는 것이 확실하다. 이것은 현재, 모든 국민이 수사로 밝혀진 정보에 의하여 알고 있는 사실이다. 궁지에 몰린 자가 며칠 만에 꾸며낸 계책이 아니라, 매우 긴 시간을 통해 조직적으로 획책한 사건이라는 것이다. 군대를 가보지도 않았고, 전두환처럼 군대 속에 자기 사조직을 갖고 있지도 않은 자가 국가적인 대사를 불의不義한 계략에 의하여 일으킨다는 것은 논리적으로 불가능한 것이다. 아무리 대통령이 국군의 최고통수권자라 할지라도 군대를 자신의 사적인 목적을 위하여 동원하는 미친짓에 전군의 수뇌부들이 순응하는 광상곡이란 있을 수 없다.

6·25전쟁시기에 가야산의 공비를 토벌하기 위하여 해인사에 폭탄을 투하하라는 미군의 명령을 거부한 우리의 공군대령 김영환(영화 『빨간 마후라』의 주인공)의 이야기, 그로 인해 인류역사 특급의 문화재 8만대장경이 무사히 보존될 수 있었다는 사실은 군대 내에도 절대적인 상식은 살아있다는 것을 보여준다. 비슷한 시기에 문형순 제주도 성산포경찰서장이 예비구속자 총살집행의 명령을 거부한 사건도 주목을 요한다. 문형순 서장은 예비구속자를 총살집행하라는 서슬퍼런 제주계엄군 소속 해병대의 명령문서 위에다가 "부당함으로 불이행"이라는 명령거부이유를 정확히 써서 상부로 되돌려보냈다. 문형순 경찰서장은 자신의 목숨을 걸고 명령의 부당함에 준열하게 저항, 295명의 목숨을 구하였다(국가기록원 문서보관. 도올 지음 『우린 너무 몰랐다』 증보개정판, p.392).

정확히 언제부터 계엄령의 구상이 있었는지는 모르지만, 윤석열 부부는 집권 초기부터 계엄령구상으로 자신들의 배포를 불리고 있었음이 분명하다. 인간의 의식 내 사건을 사실화하기는 힘든 노릇이지만, 가깝게는 계엄해제 이후의 언행방식으로부터 추론해보아도 그러한 가설은 설득력이 있다. 그가 집권 초기부터 국민의 여론을 무시하며 마구잡이로 행동한 행위패턴의 이면에는 비상계엄령이라는 사태를 믿는 구석으로 모셔두었음이 쉽게 추론될 수 있다. 20% 대의 국민지지율을 장기간 지속시키면서도 조그만큼의 자기반성의 내색조차 보이지 않았던 신비에 가까운 그의 위정태도는 이러한 믿는 구석을 전제로 하지 않으면 설명하기 어렵다. 『논어』의 인간학의 원리 중의 하나가 이런 것이다:

과즉물탄개過則勿憚改(1-8)

허물이 있으면(잘못한 일이 있으면) **솔직히 그것을 고치기를 꺼리지 않는다.**

이 말은 「학이」편에 나오는데, 같은 이야기가 공자의 말씀으로서 「자한」편에도 나오고 있다(9-24). 그 말씀 앞에는 주충신主忠信, 무우불여기자無友不如己者(우러나오는 마음과 믿음있는 말을 주로 하며, 자기보다 못한 자를 벗삼지 아니하며)라는 말이 있다. 이 말들의 주어는 물론 통치자, 사회에 영향을 주는 지도급 인사들이다. 이들은 관리계층을 형성하는 사람들이다. "주충신主忠信"이라 할 때 "충忠"은 "충성忠誠"(loyalty)의 의미로 잘못 인식되었다. 그러나 "충忠"은 가슴이 가운데를 의미하는 깃발을 모시고 있는 회의 겸 형성자이다. 후대에 주군에게 마음을 다 바친다는 의미로 새겨져 충성심을 의미하게 되었지만, 『논어』에 나오는 의미는 문자 그대로 중심中心 즉 가슴속에서 우러나옴, 거짓이 없음을 의미한다.

다음에 나오는 "신信"은 사람(人)과 말(言)이 합쳐진 회의자인데, 그것은 신에게 고한 언어의 약속(言)을 사람(人)에게 일관되게 지키는 것을 의미한다. 신信의 일차적 의미는 기독교문명이 들어오면서 생겨난 의타적 믿음(Belief), 신앙의 의미와는 별 관계가 없다. 동방인의 의식 속에는 신神과의 약속이 중요한 것이 아니라 인간과 인간 사이에서 신험信驗한(verifiable) 말을 하고 그것을 일관되게 지키는 것이 중요하다. 허황된 근거없는 말이 아니라 신험할 수 있는, 즉 증명할 수 있는 구체적인 말을 해야 하는 것이다.

"주충신主忠信"이라는 명제는 "통치자는 가슴에서 우러나오는 말과 신험할 수 있는 믿음직스러운 말을 주로 해야 한다"는 뜻이다. 윤석열 부부는 바로 이 점에서 치자의 자격이 없다. 그들의 말이 충忠(가슴속에서 우러나온 진실)하고 신信(신험한 말)하다고 생각하는 우리나라 국민은 거의 없다. 보수언론도 그들의 말이 충하고 신하다고 생각치 않는다.

그 다음에 공자는 치자의 덕성에서 “친구사귐”(友)을 매우 중시했다. “치자는 자기보다 못한 사람을 벗삼지 아니한다”고 충언한다. 윤석열은 본시 종합적 판단이 부족한 사람인데, 게다가 주변사람들을 대부분 검사출신이 아니면 서울법대 · 충암고 인맥으로 둘러쳤다. 물론 이들을 “자기보다 못한 사람不如己者”으로 규정할 수는 없다 해도 윤석열은 공적 마인드가 부족한 사람이라는 것은 단언할 수 있다.

공자의 마지막 말, “과즉물탄개過則勿憚改”는 동방인의 사유구조를 잘 나타내는 명언이라 할 것이다. 치자든, 지식인이든, 교양인이든, 공부를 많이 한 사람이라도 항상 실수는 할 수 있고 잘못을 저지를 수 있다.

나도 늙어서 생각을 해보니 젊어서 한 일이 좀 잘못되었다는 생각이 들 때가 있다. 평생 잘못한 일이라 생각하지 않았는데 갑자기 어느날 그것이 잘못되었다는 생각에 사로잡히는 것이다. 같은 일이라도 시간의 추이에 따라 판결이 바뀌는 것이다. 오늘 현재의 시공 속에서도 이러한 감상은 일어난다. 이러한 감상을 나는 “반성”이라 부른다. 사건에 대한 평가가 바뀌는 것이다. 인간은 반성을 하지 않을 수 없다. 반성反省이란 “돌이켜 성찰한다”는 뜻이다.

인간은 허물을 저지르지 않을 수 없는 존재이다. 계몽주의시대의 영국시인이며 사티리스트, 18세기 초에 활약한 알렉산더 포프Alexander Pope, 1688~1744가 한 유명한 말에 다음과 같은 이야기가 있다: "잘못을 저지르는 것은 어쩔 수 없는 사람의 일, 그것을 용서하는 것은 신의 일. To err is human; to forgive, divine."

인간은 "허물"을 향한 존재이다. 허물을 저지르기에 인간의 인간다움이 있을지도 모른다. 그런데 서양인들은 허물을 용서하는 것은 신의 일이라고 말한다. 그러나 우리민족이 수천 년 동안 살아온 삶의 철학에는, 용서가 신의 사업이라는 생각이 없다. 용서가 신의 대행자인 신부의 작업이 될 수도 없는 것이다. 용서 그 자체가 나의 실존적 사업이 되어야 하는 것이다. 내 잘못은 결국 내가 아는 것이다. 알지 못하면 그것은 인간됨의 일차적 자격이 없다. 그러나 내가 아는 이상, 하느님께 비는 것이 아니라 내가 고쳐야 한다. 고침은 즉각이다. 그것을 『논어』는 "거리낌이 없다 勿憚"라고 표현했다. 허물을 고치기를 거리끼는 인간, 그것이 바로 소인小人인 것이다. 그것이 현재 우리를 다스린다고 하는 사람들의 모습이다. 허물됨을 고치기를 꺼려한다면 그는 영원히 배움의 길로 나아갈 수가 없는 것이다. 그것은 존재의 종언이다. 허물이란 고치면 끝나버리는 것이어늘.

윤석열의 가장 큰 문제는 허물 고치기를 꺼려한다는 것이다.

그 주변의 군상의 모습이 대강 그러하다. 왜 허물을 고치기를 꺼려하는가? 우리 국민들은 다 알고 있다. 허물을 고치기를 꺼려하는 가장 본질적 이유는 그의 허물의 대부분이 그의 부인 김건희의 악성적 허물의 그물망과 걸려있기 때문이다. 김건희가 허물을 반성하기엔, 윤석열이 허물을 반성하기엔, 상식을 넘어서는 이들의 허물의 현실에는 너무도 광대한 인맥과 재물과 불의不義와 주술이 얽혀있기 때문이다. 그것을 드러내기에는 "물탄개勿憚改"의 정직이 너무도 어렵다.

한마디로, 윤석열은 대통령이 되어서는 아니 될 사람이 대통령이 된 것이다. 우리 사회에서 너무도 많은 나쁜 짓을 저지르고, 너무도 함부로 비열하게 살아온 자가 가장 고귀한 직분을 하루아침에 얻은 것이다. 이 기적적 사태에 대해서는 국민 모두가 책임이 있다. 그 책임의 일부를 감당하기 위하여 우리 국민은 지금 매우 불행한 삶을 살고 있다. 윤석열은 대통령이 된 날 밤, 부인 김건희와 함께 무엇을 했을까? 환희의 춤을 추었을까? 하늘의 궁전으로 올라가는 엘릭서를 마셨을까? 대권장악이라는 이 우연치 않은 결과가 점쟁이의 예언의 적중이라 기뻐했을까? 유세 때도 손바닥에 왕王 자를 새기고 다녔다는데 이제 정말 왕이 되었구나! 이제 어느 놈이 장량이 되고 한신이 되고 소하가 될 것이냐?

이 모든 불의에 닥친 환희 속에서 그들이 이 자리를 지키는 방도는 "계엄령"뿐이라는 결론을 내릴 수밖에 없었다. 악이라는 것도 자질구레한 악은 좀도둑질에 불과하지만, 거대한 악을 폼나게 제시하는 브레인 앞에서는 작은 양아치들이 죽을 쑤지 못한다. 왜 그토록 윤석열은 김건희 앞에서 꼼짝을 못하는가? 왜 김건희를 절대적으로 신봉信奉하는가 하는 괴이한 현상에 대한 해답은 이것뿐이다. 윤석열이라는 잔적殘賊(맹자의 용어: 의를 해치는 자)은 김건희라는 마왕을 모시지 않고서는 인생의 가치관의 구조가 생성될 수가 없는 것이다. 강력한 추진력이 생기질 않는다.

국회 앞에 모인 젊은이들 이렇게 노래불렀다:

"거짓과 불의를 / 모두 태워버리고

진실의 불꽃으로 / 이 세상을 / 밝게 비칠거야"

2024년 12월 14일 오후 5시경. 대통령(윤석열) 탄핵소추안이 가결되는 순간. 국회 앞 광장을 지키던 군중들은 환희의 춤을 추며 노래를 불렀다. 응원봉의 환호와 함께. "국중대회國中大會, 음식가무飮食歌舞"의 파노라마가 펼쳐지는 순간이었다.

탄핵까지, 그리고 그 후

계엄해제 이후 윤석열의 탄핵소추가 이루어지는 프로세스는 국민 대다수의 열망이 모아지는 정의로운 항변의 과정이었기 때문에 국민들은 여의도의 세찬 강바람을 맞으면서도 행복했고 희망에 들떴다. 그리고 탄핵이 결정되는 과정은 아슬아슬했지만 국민에게 승리의 기쁨을 안겨주었다. 그러나 민주주의의 시련과 국격의 시험, 진정한 탄핵의 결말은 의회탄핵 이후부터 시작되었다. 그것은 끔찍한 고통이요 수난이었다.

이 모든 사태의 추이를 전관全觀할 때, 우리민족에게 새로운 역사의 전망을 가져다 준 최초의 계기는 윤석열이라는 멍청한 집권자에 의하여 내심 감춰두고 진행시키고 있었던 끔찍한 계엄모반을 과감하게 실행에 옮기는 폭거를 배짱 좋게 실천했다는 사실과, 그 카이로스에 맞게 모든 인적자원이 적재적소에서 동원되어 그 계엄선포를 155분 만에 해제시켰다는 사실, 그러니까 그 어마어마한 조직적 악행을 무화無化시켰다는 사실로부터 출발하는 것이다. 이 사태는 우발적 사건이나 우연적 묘수의 개입이 없다. 매우 정직한 역사의 추이 속에서 이루어진 쾌거라고 보아야 한다.

1980년 5·18, 폭압과 도살의 광주현장과 2024년 12월 3일 여의도에 모여든 사람들의 대비는 그 장면을 연출하고 있는 역사정신Historical *Geist*의 행태가 근본적으로 다른 구조를 지니고 있었다고 말할 수 있겠지만, 광주 금남로에는 무자비한 총칼이 앞섰고 여의도에는 사람이 앞섰다는 매우 원초적인 사실이 먼저 지적되어야 한다. 금남로에는 총칼만 있었고 여의도에는 사람만 있었다. "사람만 있었다"는 사실은 "너와 나"가 모두 사람이었다는 것을 말한다. 계엄령을 받드는 군인들 모두가 "계엄군"이기 전에 "사람"이었다. 그들을 바라보는 군중도 사람이었고 국회에서 항거하는 자들도 모두 사람이었다. 금남로의 "총칼"이라는 주제가 여의도의 "사람"이라는 주제로 바뀐 것, 이것이야말로 우리역사의 진보라고 말할 수 있겠지만, 그보다는 더 정직하게 표현하면 "불선不善에서 선善"으로의 회귀라 말해야 할 것이다. 그날 유튜브를 통해 울려퍼진 소리에는 계엄군지휘관이 될 수도 있는 아들에게 애처롭게 당부하는 아버지의 소리가 있었다:
"아들아! 너 계엄시에 군대가 얼마나 무서운 줄 알지? 무엇보다 니 목숨 잘 챙기고 민간인을 공격하거나 살상하는 행위를 절대 하면 안돼! 알았어? 니 소대원들 잘 지키고 알았어?"

불인인지심

맹자는 이런 말을 했다:

인개유불인인지심人皆有不忍人之心。

사람이라면 누구든지 사람에게 차마 어쩌지 못하는 마음을 가지고 있다.

맹자의 사상의 핵을 이루는 이 "불인인지심不忍人之心"이라는 이 말은 공자의 "인仁"의 사상을 매우 쉽고 적나라하게 풀이하여 계승한 것이다. "사람이기 때문에 사람에게 차마 어쩌지 못하는 마음," 이것이 곧 인仁한 마음이라는 것이다. 사람이라면 이 인한 마음이 없을 수가 없다는 것이다. "차마 어쩌지 못하는 마음"이 곧 인간의 본질이요, 그것은 인간의 본성에 본래적으로 새겨져 있는 마음이라는 것이다. 후에 검찰조사로 밝혀졌지만 여의도에 투입된 계엄군에게 이미 군통수권자인 대통령 윤석열은 발포명령을 내렸다. 계엄선포 직후, 윤석열은 이진우 수도방위사령관에게 이렇게 말했다: "아직도 못 갔냐! 뭐하고 있냐! 문 부수고 들어가서 끌어내. 총을 쏴서라도 문을 부수고 들어가서 끌어내라."

조지호 경찰청장에게는 이렇게 말했다:

> "조 청장! 국회 들어가려는 국회의원들 다 체포해! … 잡아들여, 불법이야! 국회의원들 다 포고령 위반이야. 체포해!"

심지어 계엄해제요구안 가결 직후에도 이진우 수도방위사령관에게 이와같이 말했다:

> "계엄이 해제됐다 하더라도 내가 2번, 3번, 계엄령 선포하면 되는 거니까 계속 진행해!"

여기 "총을 쏴서라도"란 말의 대상이 직접적으로 "국회의원들을 사살하라"는 명령으로 해석하지 않는다 하더라도, 살아있는 국회의원들이 있는 본청의 문짝에 총을 쏜다는 것은 어떠한 불상사가 생기더라도 상관없다는 것이며, 이것은 정확하게 발포명령에 해당되는 것이며, 총으로 사람을 죽여도 좋다는 사태를 전제로 하는 것이다. 더구나 계엄해제 이후에도 윤석열은 제2차, 제3차 계엄선포를 마다하지 않을 심산이었다. 상식이 있는 인간이라면 할 수 없는 말이었다. 여기서 우리는 「계사전」의 공자의 말로서 서술되고 있는 이 한마디를 한번 되씹어볼 수밖에 없다.

> 통치자의 말과 행동이라는 것은, 통치자의 군자됨의 주축을 이루는 것이다. 그 주축이 어떠한 방식으로 발현되는가에 따라, 통치자의 영화와 오욕이 결정된다. 통치자의 언행이라고 하는 것은 군자로서 하늘天과 땅地을 움직일 수 있는 소이의 핵심이다. 그러니 통치자가 된 사람은 언행을 삼가지 않을 수 있겠는가!

> 言行, 君子之樞機。樞機之發, 榮辱之主也。言行, 君子之所以動天地也。可不愼乎!

윤석열은 자기의 언행이 천지를 움직이고 있다는 어마어마한 사실을 전혀 모르는 천치라고 간주할 수밖에 없다. 맹자는 이어 말한다(도올 김용옥 역, 『맹자, 사람의 길 上』, pp.253~257):

고대의 제왕인 선왕先王들께서는 사람에게 차마 어쩌지 못하는 마음을 가지고 계셨기 때문에 사람에게 차마 어쩌지 못하는 인정仁政을 베푸실 수 있었다. 이와같이 차마 어쩌지 못하는 마음을 가지고 차마 어쩌지 못하는 인仁한 정치를 실천하기만 한다면, 천하를 다스리는 것도 손바닥 위에 물건을 놓고 주무르듯이 쉬운 일이다. 이제 우리는 왜 사람이 모두 사람에게 차마 어쩌지 못하는 마음을 가지고 있다는 것인지를 설명해볼 필요가 있다. 생각해보자! 지금 어떤 사람이 여기 돌연히 아무 것도 모르는 어린아이가 우물을 향해 엉금엉금 기어가고 있는 것을 목격했다고 하자! 인간이라면 누구든지 그 순간 가슴이 철렁 내려앉으면서 측은한 마음이 엄습할 것이다. 그리고 구하려고 달려갈 것이다. 이것은 그 아이의 부모와 좋은 인연을 맺기 위한 것도 아닐 것이요, 동네사람들이나 친구들에게 칭찬을 듣기 위함도 아닐 것이요, 구하지 못했다고 욕을 먹을까봐 두려워서 달려간 것이 아닐 것이다. 이것은 이해득실을 가려서 한 행동이 아니요, 인간이기 때문에 인간에게 차마 어쩌지 못하는 마음 때문에 무조건적으로 움직인 것이다. 이로 미루어 생각해본다면 측은지심惻隱之心이 없으면 사람이 아니요, 수오지심羞惡之心이 없으면 사람이 아니요, 사양지심辭讓之心이 없으면 사람이 아니요, 시비지심是非之心이 없으면 사람이 아니다. 측은지심은 인仁의 단端(단서, 실마리, 맹아萌芽)이요, 수오지심은 의義의 단이요, 사양지심은 예禮의 단이요, 시비지심은 지智의 단이다.

창덕궁 인정전仁政殿

어린애가 아무 생각 없이 우물을 향해 엉금엉금 기어가는 것을 보는 순간(※ 여기 우물은 테두리가 없는 평평한 옛 우물이다), 인간이라면 순간에 가슴이 철렁 내려앉으며 어떠한 이해득실의 계산이 없이 즉각적으로 달려가게 된다. 인간이기 때문에 차마 어쩌지 못하는 불인인지심不忍人之心이 발동하는 것이다. 이러한 "차마 어쩌지 못하는 마음"을 맹자는 "측은지심惻隱之心"이라 불렀고, 이 측은지심이야말로 인仁이라는 우리 마음의 본모습의 단초라고 말했다:

측은지심은 인仁의 단端이다.
측은지심이 없으면 사람이 아니다.

惻隱之心, 仁之端也。無惻隱之心, 非人也。
측 은 지 심 인 지 단 야 무 측 은 지 심 비 인 야

19세기에 활약한 거유, 『대동여지도』를 그린 고산자의 친구이기도 했던 최한기는 철저한 경험주의를 주장하여 우물에 떨어져 아프거나 죽거나 한다는 것을 직접으로 혹은 간접으로 경험해보지 않은 사람은 유자입정孺子入井이라 할지라도 가슴이 덜컹 내려앉는 일이 없을 것이라고 말했다. 그 말은 곧 측은지심의 인仁이 인간의 본성에 내재하는 선천적 덕성이 아니라는 것을 말하려 한 것이다. 인간의 덕성은 모두 후천적 학습과 경험에 의하여 개발되는 것이라는 것을 말하려 한 것이다.

그러나 맹자는 선천, 후천이라는 인식론적 근거를 말하는데 이 논의의 시발점을 삼지 않았다. 인간의 본성에 관한 선·후천의 논의는 아무리 정밀하고 고등한 논의라 할지라도 그것은 논리적 구성일 뿐이다. 맹자의 출발점은 "모랄 맨Moral Man" 즉 도덕적 인간이다. 인간이 도덕적이어야 한다는 것은 인간이라면 누구든지 따르지 않을 수 없는 보편적 당위(*Sollen*)를 말하는 것이다. 그것은 임마누엘 칸트의 정언명령과도 같은 것이다. 유자입

정을 바라보는 주체는 선천 · 후천의 발현체가 아니라 그냥 매우 노말한 생리적 중용체이며 상식적 인간이다. 맹자의 논의는 상식적 인간의 상식적 환경(움벨트*Umwelt*)을 출발점으로 삼고 있는 것이다. 인식론적 규명을 위한 특수한 예외적 상황을 말하고 있지 않다.

홍익인간과 유자입정

환웅이 하늘에 머물지 않고 땅에 내려오고 싶어하는 이유가 곧 "홍익인간弘益人間"의 이념이었다. 여기 "널리 이롭게 한다"라는 것은 바로 도덕적 인간, 즉 모랄 맨을 전제로 하는 것이다. 홍익인간의 인간人間은 우리가 지금 쓰는 "인간Man"이라는 말과 다르다. 이것은 "사람 사이"(人間)를 의미하는 것으로 사람들이 사는 세상(world), 혹은 사회(Society)를 의미한다. 중국사람들은 지금도 우리말의 인간은 그냥 "르언"(人)이라고만 한다. "인간人間"은 "인간세人間世"를 의미한다. 『장자』라는 고전에 나오는 "인간세"(제4편 이름)의 용법이 그대로 계승되고 있다. 환웅이 본래 거하던 하늘에는 "도덕"을 논할 건덕지가 없었다. 그가 인간세를 탐낸 이유는 바로 사람 사이에서 비로소 도덕을 구현할 수 있다는 희망을 발견했기 때문이었다. "홍익인간弘益人間"이란 의미는 "보편적인 도덕이 발현되는 인간세상을 만든다"는 것이다.

홍익弘益! 서로가 서로를 널리 이롭게 한다는 것을, 맹자는 측은지심, 수오지심, 사양지심, 시비지심이 발현되는 사회라고 불렀고, 그 본체를 인仁, 의義, 예禮, 지智라고 불렀다. 측은지심(가여워 하는 마음)이 없으면 사람이 아니다! 수오지심(부끄러워 할 줄 아는 마음)이 없으면 사람이 아니다, 사양지심(사양하는 마음)이 없으면 사람이 아니다. 시비지심(옳고 그름을 아는 마음)이 없으면 사람이 아니다. 이 "비인야非人也"야말로 홍익인간의 골자임을 말하고 있는 것이다.

아무것도 모르는 어린아이가 우물을 향해 엉금엉금 기어가고 있다, 어린아이가 풀밭에서 독사를 만지려고 기어가고 있다! 이럴 때 보통 인간이라면 보통의 환경에서 달려가 구하지 않을 수 없다. 생각해보라! 전지戰地로 나간다 하고 블랙호크를 탔는데, 내려보니 동포시민들이 노래부르고 있는 평온한 세상! 최고 군통수권자라는 사람은 그 시각에도 "발포하라!" "수단방법을 가리지 말고 계엄령의 권위를 과시하라!" "문짝을 도끼로 까부수고서라도 안으로 들어가서 의원들 다 끄집어내라!" 등의 언어를 으르렁거리며 뱉어내고 있었다. 가장 괴로운 것은 계엄군이라고 무장을 한 일반사병들! 어떠한 경우에도 그들은 시민들을 다치게 할 수 없었다. 소총에 꽂은 대검으로 시민의 가슴을 찌른다? 왜? 무엇 때문에? 이들이 무슨 잘못을 했다고!

우물로 기어가는 어린아이를 구하러 달려가는 인仁한 사람의 측은지심이나 여의도에 내린 계엄군 사병의 "인간이기 때문에 인간에게 차마 저지를 수 없는 마음"은 결국 같은 인의 발로이다. 그 인은 우리민족이 오랜 세월을 거쳐 삼천리금수강산에 뿌려온 도덕의 씨앗이다.

인仁과 씨앗

고래로부터 인仁은 씨앗을 의미했다. 살구씨는 행인杏仁이라 하고, 복숭아씨는 도인桃仁이라 한다. 율무는 의이인薏苡仁이라고 한다. 그 외로도 사인, 욱리인, 마자인(삼씨), 과루인, 익지인, 산조인, 백자인 등등, 한방에서 씨는 모두 "인仁"이라 표현되었다.

왜 인仁이 씨인가? 씨는 극히 미소한 것이지만 장대한 나무가 될 수 있고 풍부한 열매를 산출한다. 씨는 "느낀다." 느껴야 씨다. 즉 씨는 살아있다. 『역』에서 64괘 중 하편의 첫괘인 제31괘의 이름이 택산 함䷞이다. 함咸은 "다 함"이라 훈하는데, "모두all"의 뜻이다. 그런데 함은 다함인 동시에 감感을 의미한다. 이것은 무엇을 의미하는가? 천지간에 존재하는 모든 사건, 사물은 "느끼는 존재"라는 뜻이다.

여의도 광장, 광화문 광장에 모인, 모든 사람들은 느끼는 존재들이다. 서로가 서로를 느낀다. 그 느낌의 원천은 생생지덕生生之德이다. 서로가 서로에게 도움을 주는 창조의 덕성이다. 이것이 곧 환웅이 환인에게서 받은 개국의 이념이다. 홍익인간의 이념이다. 여의도는 곧 아사달이었다.

씨는 죽지 않는다. 혹한의 환경 속에서도 생명의 덕성을 간직한다. 그리고 싹튼다. 새싹이 돋아 자라나는 모든 과정에 "느낌"이 배어있다. 느낌을 통해 천지라는 코스모스와 교섭한다. 느낌은 수용과 배제의 중용이다. 천지의 양분을 빨아들이면서 거목으로 성장한다. 고목이 되어 사멸하는 과정에서도 주변사물에 자신의 생명을 분유分有한다. 이것이 바로 함咸이 감感인 이유이다.

광화문 광장 동십자각 앞: ***"우리가 역사다!"***

한의학에서 잘 쓰는 용어 중에 "불인不仁"이라는 개념이 있다. "불인"은 "씨앗이 아니다"가 아니라, "느낌이 없다," 즉 마비상태를 가리킨다. 신체의 일부가 감각을 상실한 것을 "불인하다"고 표현한다. 여의도 광장에 모인 민중과 계엄군인들이 모두 인했다. 국회 안에서 몸싸움을 벌이고 있는 모든 사람들이 인했다. 여당대표인 한동훈조차도 인했다고 할 것이다(※ 한동훈은 인한 마음을 유감 없이 발현하여 역사의 새 장을 열 수 있는 기회를 상실하고 자격미달의 정치인으로 전락하고 말았다. 절대적인 도덕판단을 내려야 할 시기에 비굴한 상황판단에 의존하여 정치생명을 잃었다).

광화문 광장 세종문화회관 앞: *"국민이 승리한다!"*

그런데 유독 한 사람만이 불인不仁했다(※ 물론 이해관계의 소산이겠지만 그를 충심으로 따르는 척 하는 모든 또라이들, 오비들도 불인하다 해야 할 것이다). 그가 누구인가? 5천만 동포들이 한결같이 입을 연다.

윤석열이다!

윤석열은 느낄 줄을 모른다. 그의 얼굴은 술살로 굳어져있다. 그의 오장육부가 모두 불인한 것이다.

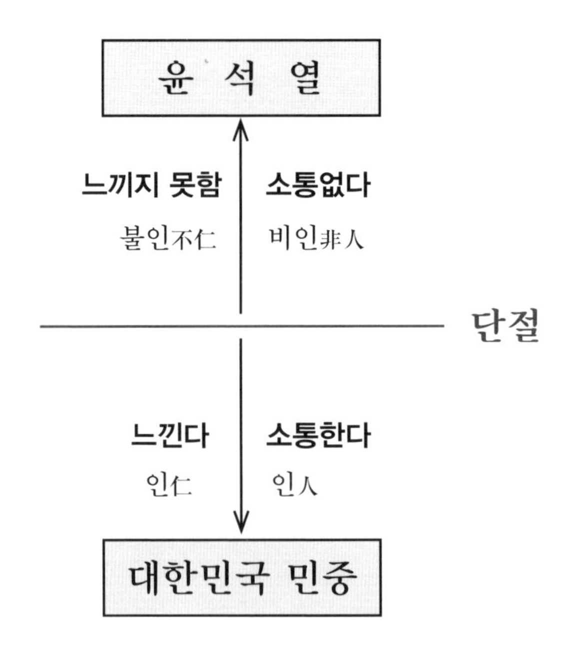

불인한 사람은 비인非人이다. 즉 사람이 아니다. 홍익인간세를

이끌 수 있는 존재가 도무지 아니다. 어떻게 사람이 아닌 자가 사람세상을 지배하고 이끌겠다는 것인가? 아무런 죄도 없는 국민을 향해 함부로 발포를 하고 도살을 하고 오로지 자신의 개인의 안위를 위하여 마구 거짓말을 해대고, 국민을 지배의 대상으로만 보는 자가 어떻게 대한민국의 대통령이란 말인가!

맹자가 전국시대의 패왕霸王인 양혜왕에게 그의 실정을 지적하여 하는 말에 이런 기맥힌 언사가 있다:

> 흉년이 들어 사람이 죽어 나가고, 길거리에 굶어 죽은 시체가 나뒹굴고 있는데도 진휼곡식창을 열 생각을 아니하고, 사람이 죽으면 말하기를 "이건 내 잘못이 아니야! 어쩔 수 없는 세월의 운세 탓이야!(非我也, 歲也)"라고만 말한다면, 이것은 칼로 사람을 찔러 죽이고 나서, "이건 내 잘못이 아니야! 칼이 잘못한 것이야!(非我也, 兵也)"라고 말하는 것과 뭐가 다르겠습니까? 왕께서 세월에게 죄를 묻지 아니하시고 근원적인 도덕의 정치개혁을 당장에라도 행하신다면 천하의 백성이 몰려들게 될 것이외다.

사람을 칼로 찔러 죽이고도 이것은 내가 찌른 것이 아니라 칼이 찌른 것이다, 즉 살인의 책임을 도덕적 주체인 나에게 돌리지 아니하고 칼에 돌린다는 것은 불인不仁의 극단적 예라 할 것이다.

맹자는 양혜왕이 구휼창고를 열지 않은 것에 대하여 이렇게 혹독한 비판을 했지만 윤석열은 구휼창고를 열지 않은 것보다 몇천 배 도수 높은 죄악을 저질러왔다는 것은 국민들이라면 누구든지 잘 알고 있는 것이다. 처가가 소유한 땅의 값을 올리기 위해 고속도로의 위치를 마구 변경한다든가 하는 사건으로부터 시작하여 명품백사건, 주가조작 등 시시콜콜한 이야기에 이르기까지 수없는 부정사태에 관하여 국민이 입다물고 있는 이유는, 너무도 엄청난 죄악들이 계속해서 터지기 때문에, 경악이 경악을 삼키고 있기 때문인 것이다.

만약 여의도에 모인 군중에게 한 병사가 소총대검으로 사람을 찌르고, "비아야非我也, 병야兵也"라고 했다면 과연 어떤 결과가 일어났을까? 대한민국은 어지러운 전국시대의 일국의 꼴도 되지 못했을 것이 아닌가?

입만 뻥긋하면 거짓말

2024년 12월 14일 오후 5시경 탄핵소추가 가결되기까지(가 204, 부 85 기권 3, 무효표 8) 계엄령선포로부터 열하루 동안 우리 국민들은 마음 졸이며 그 추이를 지켜보았다. 그런데 윤석열은 그 소추안가결 이틀 전에 대통령으로서 장장 29분에 걸친 4차 대국민담화를 발표했다. 대통령실이 배포한 자료기준으로 A4용지 26쪽이며 7,000여 자에 달하는 분량이다. 12월 12일이라는 날짜의 숫자는 전두환과 노태우가 주도하는 신군부가 일으킨 군사반란(쿠데타)이 성공한 날짜와 일치한다(1979. 12. 12).

얼마 지난 후에 읽으면, 대부분의 내용이 사실에 어긋나는 거짓말투성이이며, 전혀 자기반성이 없고, 자기의 실책을 모두 타자에게 덮어씌우는 일관된 타자화의 논조이기 때문에 우스꽝스럽게 들릴 수도 있겠지만, 발표당시에 이 담화를 들으면 그 논조가 너무도 징그럽도록 집요하여 윤석열이라는 유령에 사로잡힌 듯 몸서리가 쳐지고, 국운에 암운이 드리운 것 같은 느낌이 든다.

윤석열은 야당을 "광란의 칼춤"을 추고 있다라고 맹비난하면서 특검법안의 발의가 자신에게 대부분 그 원인이 있다는 것을 완벽하게 배제하고 그 책임을 타자화시키면서, 비상계엄으로 규탄하려고 했던 대상이 국회와 선관위(지난 총선이 부정선거였다)와 야당대표(유죄선고를 두려워해서 조기대선을 치르려 한다)였다는 덮어씌우기 의도를 노골적으로 드러낸다. 그동안 국민 대다수의 정서는 윤석열이 정치를 하지 않고 정적죽이기에만 열중하였다는 사실에 그의 정치인으로서의 부적격성을 지적해온 것이다. 정치는 소통이고 교섭이고 중용이고 나눔이다. 『계사전』은 말한다: "정치라는 것은 천하의 뜻을 통달하는 것이요, 천하의 생업을 안정시키는 것이요, 천하의 의심을 단절시키는 것이다."(『도올주역계사전』 p.206). 윤석열은 천하의 뜻에 귀를 막았고, 천하의 생업을 불안하게 만들었으며, 천하사람들의 의심을 증폭시켜왔다.

12·12담화문에서 가장 끔찍한 논리적 넌센스는 대통령의 비상계엄 선포권 행사는, 사면권 행사나 외교권 행사와 같은, 사법심사의 대상이 되지 않는 통치행위라고 주장하고 나선 것이다. 자기의 비상계엄조치는 나라를 지키기 위해, 국정을 정상화하기 위해, 대통령의 법적 권한으로 행사한 것이며, 그것은 대통령의 고도의 정치적 판단이라는 것이다. 적반하장賊反荷杖(도둑놈이 도리어 매를 든다는 뜻)도 유분수지, 그의 논리가 나타내는 핵심은 자신에게는 하등의 일점의 잘못도 없으며, 두 시간 정도에 불과한 병력투입으로 자신을 내란의 수괴로 몰 수가 없다는 것이다. "도대체 2시간짜리 내란이라는 것이 있냐"라고 항변한다.

나는 이런 하찮은 어거지 논의에 관하여 법리적 해석을 따질 생각이 없다. 나는 이 순간에도 국민 대다수의 상식을 믿는다. 단지 이 나라에 이 민족의 미래를 어둡게 만드는 액운이 끼었다는 사태만은 정직하게 지적하지 않을 수 없다. 12·12담화문 이틀 후 12월 14일 오후 5시경 그의 탄핵소추안은 가결되었고 그의 대통령직은 직무정지가 되었다. 그날 오후 6시 반에 윤석열은 또다시 자신의 입장을 정리하는 "12·14대국민담화"를 발표했다. 물론 사과는 한마디 그림자도 없었고 반드시 대통령직에 복귀할 것이라는 뉘앙스를 풍기는 그의 강한 의지를 내비쳤다:

이 나라의 자유민주주의와 법치는 무너져 있었습니다. ······ 저는 결코 포기하지 않겠습니다.······ 저는 우리 국민의 저력을 믿습니다. 우리 모두 대한민국의 자유민주주의와 번영을 위해 힘을 모읍시다. 감사합니다.

그동안 계엄불안에 떨었던 국민들의 입장에서는 참으로 뻔뻔스러운 담화였다. 참으로 괘씸하고 허망했다. 과연 법치를 누가 무너뜨렸나? 친위쿠데타를 기획한 자가 "결코 포기하지 않겠다"니, 영원히 폭력적인 방법으로 국민을 괴롭힐 각오가 되있다는 소리인가! 너무도 황당했다.

왜 이렇게 되었을까? 어쩌자고 이런 사람이 이 나라의 대통령이 되었을까? 박근혜는 사과도 했고, 국민들에게 누를 끼쳐 미안하다는 진심어린 표정이라도 있었다. 고전적인 미덕이 있는 것이다. 그러나 윤석열은 이 순간에도 승리를 확신하고 있고 반성이라고는 눈꼽만큼도 없다. 국민에게 발포를 명령했으면서도 자신은 구국의 일념으로 위대한 정치행위를 한 것이라고만 확신하고 있다. 인간별종일까 말종일까, 과도한 음주로 대뇌피질의 지각중추가 교란된 상태일까? 그의 과도한 확신이, 2차 · 3차 비상계엄도 마다하지 않겠다는 그를 다시 대통령으로 모셔야겠다는 광적인 지지자들을 결집시키고 있는 것도 사실이다. 과연 이 민족의 역사는 그 혼맥이 어디서부터 흘러와서 어디로 가고 있는 것일까?

단군의 해석

단군의 탄생을 보면, 반신반인이라는 희랍의 히어로우 개념과는 달리, 인간존재 그 자체를 하늘(하느님)과 땅(따님)의 결합, 아니 근원적인 존재융합으로 파악했다는 것은 고대로부터 우리민족은 천지코스몰로지(하늘과 땅을 우주의 본질로 파악하는 유니크한 세계관)의 구조 속에서 천 · 지 · 인 삼재三才의 역易질서를 파악했다는 것을 의미한다. 환웅은 환인의 아들이며, 하늘로부터 온다. 환인을 제석천을 가리킨 것이라 하나 환인이나 환웅이나 그 발음체계가 "환하다"는 우리말과 관계되며, 그 환웅이 곰과 결합하였다는 것은 땅의 주체와 융합하였다는 것을 의미한다. 곰은 땅의 화신이며 "검다"라는 말과 관계된다. 밀림에서도 호랑이는 곰을 이기지 못한다. 그런데 이 곰이 쑥과 마늘을 먹고 사람이 되었다는 사실은 오늘날까지도 한국인의 식탁의 주체가 마늘을 떠나지 못한다는 것, 그리고 떡과 같은 부식이나 약재, 건강치료법 등등, 쑥이 가장 중요한 소재로 쓰인다는 것은 우리민족의 삶의 양식을 나타내고 있다.

환웅이 풍백風伯, 우사雨師, 운사雲師를 거느리고 내려왔다는 것은 이미 고조선 초기부터 풍요로운 농경생활이 운영되고 있었다는 것을 의미한다. 그러니까 상당히 문명이 진척된 사회였다는 것이다. 그 외로도 주곡主穀, 주명主命, 주병主病, 주형主刑, 주선악主善惡이 있었다 했는데 이것은 곡식(농경생산)을 관장하고, 인구人口를 주관하고, 의료를 담당하고, 경찰업무를 담당하고 인간세의 윤리도덕을 관장하는 다섯 부서가 있었다는 의미로도 해석될 수 있다. 고조선의 강역은 광대하여 만주 전역이 거의 포섭되며, 동으로는 동해바다, 서쪽으로는 북경에 가까운 난하灤河, 북으로는 흑룡강 밖에까지 미쳤고(숙신, 읍루), 남으로는 청천강에 이르렀다(그 이남으로 삼남지역까지는 간접적인 통치영역이었다). 동아시아 동북부 전역을 관장하는 대국이었다.

조선사편수회의 한국사 사관

『삼국유사』에는 단군이 죽었을 때 그의 수가 1,908세였다고 쓰고 있으나 이것은 한 인간이 2천 년을 살았다는 얘기가 아니라, 단군이라는 직책의 리더십이 2천 년 가량 안정적으로 유지되었다는 것을 의미한다. 고조선이 붕괴되면서 열국시대가 개시되었고 열국은 다시 우리에게 익숙한 삼국으로 정리되어 갔고, 삼국은 또다시 남부의 통일신라와 북부 발해의 남북국南北國시대를 맞이하게 된다. 그리고 결국 고려대제국으로 통합된다. 내가 한국신학대학에서 1학년 때 국사개론을 들었는데, 그때 한국사를 강의해주신 분이 연세대학교 사학과에 몸담고 계셨던 존경스러운 사학자 홍이섭 선생님이었다:

"근대적인 한국통사라는 것은 우리가 스스로 쓴 것이 아니라, 왜놈들이 우리를 겁탈한 후에 우리민족을 세뇌시키기 위한 수단으로 비로소 조선사를 쓰기 시작한 것이다. 조선총독부의 총독 직할기관인 조선사편수회朝鮮史編修會가 그 핵심이다(1925년 6월 칙령 제218호로 공포한 조선사편수관제에 의함).

그들은 편수관에게 두 가지 대원칙을 제시했다. 그 첫 번째 역사원칙은, 조선인들은 분열하고 서로 싸우기를 좋아하며 통합하고 화해할 줄을 모른다는 것이다. 이 첫 번째 원칙 때문에 삼국시대도 부족국가시대로부터 점점 원만한 역사구조를 만들어가는 통합의 과정인데, 그냥 서로 싸우는 것으로만 역사적 사건을 해석했다. 그래서 신라·백제·고구려는 서로 죽이는 것으로만 그려졌다. 그 각 사회저변의 필연성에 관한 심도 있는 관찰이 부재했다. 그러다보니 조선왕조의 당파도 서로 헐뜯고 싸우는 비열한 게임으로만 묘사되었다. 사색당파는 권력의 균형 속에서 왕조를 권위 있게 유지해간 슬기로운 매카니즘일 수도 있는 것이다.

두 번째 원칙은 조선사람들은 스스로 자치할 능력이 없다. 진검승부를 보는 정신이 부족하다. 그래서 항상 더 센 타자를 끌어들인다. 그러니 페어한 게임이 이루어지지 않는다. 조선왕조는 성립부터가 사대事大의 역사였다. 이 논의는 곧바로

조선왕조가 멸망하고 일본이라는 대국大國에 의존하여 생존할 수밖에 없다는 논리로 연결된다.”

나는 지금도 홍이섭 선생님의 강의를 생생하게 기억한다. 내 인생에서 계발성이 가장 컸던 위대한 강의였다. 애처롭게도 구멍탄 독가스에 유명을 달리하셨을 때, 나는 눈물을 펑펑 쏟으며 울었다.

우리 역사의 실상

삼국시대의 문화를 일별하여 보아도 승랑, 원효, 의상을 비롯한 수많은 고승들의 지적활동의 수준, 일본 쿄오토 광륭사廣隆寺에 소장되어있는 일본국보 제1호 목조 미륵보살반가사유상의 우아한 모습, 그 탈속의 깔끔한 자태는 보는 이로 하여금 출가 전 인간의 생로병사를 걱정하는 청년 싯달타의 사유 속으로 깊게 침잠케 만든다. 이 보살상은 전체가 조립 없는 통나무로 이루어져 있으며, 그 제재가 일본에는 희귀한 적송이다. 이 작품은 우리나라에 현존하는 금동사유상과 흡사하다는 점 등등으로 미루어 신라에서 제작된 완제품이 일본에 선물로 간 것으로 추정된다.

나라켄奈良縣 법륭사法隆寺에 보존되어 있는 백제관음입상百濟觀音立像도 목조 작품인데 그 슬림한 자태는 세속의 모든 욕망을 깎아 내버린 듯한 탈속의 극치를 나타낸다. 실존철학자인 야

스퍼스는 쿄오토에 왔을 때 이 작품들을 대하고 충격을 금치 못했다. 이 지상에서 체험하기 어려운 성聖의 지고한 경지라고 극찬을 아끼지 않았다. 앙드레 지드 역시 극찬을 아끼지 않았다. 그 지고의 경지가 바로 우리 조상들의 예술적 감각과 손길이었다. "나라"라는 지명이 우리말의 "나라nation"와 관련있다. "나라"는 어원적으로 "땅"과 같은 어근의 말이다.

지고의 경지라면 우리는 통일신라 경덕왕景德王 때의 작품(보통 751년 김대성에 의하여 창건되었다고 하나 한 사람에 의하여 일시에 만들어졌다고 볼 수는 없는 작품이다)인 토함산 석굴암을 생각해보지 않을 수 없다.

토함산 불국사와 석굴암

토함산의 뜻은 숨을 토해내고(吐) 또 들이마신다(含)는 의미다. 백두대간이 일직선으로 뻗어 내려간 낙동정맥의 끝자락에 위치한 토함산은 여체로 비유하면 척추의 끝자락에 해당되며 질구에서 기를 뿜어내고 또 들이마시는 생명의 개벽을 의미한다. 「계사전」에 "문을 닫는 것을 일컬어 곤坤이라 하고, 문을 여는 것을 일컬어 건乾이라 하는데 한번 닫히고 한번 열리는 데 따라 우주의 다양한 변화가 일어나고, 토함의 왕래가 끝이 없으니 그것을 일컬어 통通이라 한다"라고 했으니, 바로 토함산의 석굴자리야말로 개벽의 문호요, 국운이 형통하는 자리라 할 수 있다. 경덕왕

광륭사 목조 미륵보살반가사유상

신라인의 작품으로, 신라의 적송으로 만들어졌다.

법륭사 백제관음 2m10.9cm

의 시기는 태평성대의 시기였고, 원효元曉(AD 617~686) 같은 대석학이 통일의 사상적 기초를 다진 토양 위에 건립된 문명의 개화시기였다.

나는 토함산의 기운을 불과 아홉 살 때 쐬었다. 엄마 · 아버지 · 두 누나와 함께 가족여행을 갔던 것이다. 새벽에 어두컴컴한 토함산 고갯길이 얼마나 걷기 어려운 길이었는지 지금 생각해도 목구멍에 숨이 차오른다. 당시 불국사에서 토함산 정상에 이르는 고갯길은 끊임없이 올라갔다 내려갔다 지그재그로 굴곡지어진 미로였다.

나의 어머니는 매사에 단호하고 지적 호기심이 강하신 분이라, 불국사에서 일박을 했지만 우리를 새벽 두 시에 깨웠다. 그리고 채비를 차리고 새벽햇살이 좋을 듯하니 이런 기회를 놓칠 수 없다 하고 우리 걸음을 재촉하셨다. 나는 어릴 때는 좀 비리비리하기는 했으나 걷는 것은 자신이 있었다. 늦가을 새벽 추위에 엄마 주먹에 감추어진 내 고사리손을 따라 걷고 또 걸었는데, 그때 나의 느낌으로는 얼마나 고갯길이 원망스러웠는지 모른다. 그때는 가로등이라는 것이 없었다. 어둠 속에 별빛에 비치는 저 고개만 넘으면 석굴암을 만나리라 하면서 부지런히 엄마 고무신을 따라갔는데(엄마는 평생을 버선과 고무신으로만 사셨다) 매번 희망은 절망으로 바뀌었다. 또다시 새로운 고갯길이 뻗어있는 것이다.

수십 번의 절망을 거쳐 토함산 정상에 올랐지만 너무 일찍 올라왔기 때문에 컴컴한 허공과 광활한 바다를 채운 검푸른 바다물결 세찬 파도만이 우리를 기다리고 있었다. 엄마는 "잘 올라왔다" 하시면서 "석굴암은 반드시 일출 이전부터 기다렸다 보아야 한다"고 말씀하셨다. 그때는 석굴암은 버려진 폐찰과도 같았다. 석굴은 자연 그대로 노출되어 있었고 일체의 전실 같은 것이 없었다. 그리고 석굴암을 지키는 절도 없었다.

사람과 돌, 광활한 바다의 합창만이 추위에 몸을 떠는 나의 가슴을 울렁이게 했다. 어둠의 태허 속에서 나는 우주의 일기一氣가 되어 양陽의 복復을 맞이해야 했다. 태허를 향해 한 시간을 서서 바다의 합창을 듣고 있는데 서서히 수평선의 아름다움이 드러나기 시작했다. 현묘한 어둠 위에 옅은 푸른끼가 덮히기 시작하면서 수평의 아래로부터 작은 크리스마스 트리의 불빛과도 같은 햇살의 점등點燈이 수평선을 장식하기 시작했다. 그러다가 하늘과 땅이 갈라지듯, 허공과 바닷물이 이별하는 듯 갈라지는 틈 사이로 수없는 나타라자들이 햇살의 춤을 추기 시작했다. 그러더니 크리스마스 트리의 불빛과도 같은 점등이 점점 모여 방안 전등만 해지더니 드디어 그 수평선의 형광을 따라 중앙으로 모여지기 시작하더니, 아~ 찬란한 햇살이 온누리에 퍼지기 시작했다. 그때였다. 나의 어머니는 우리에게 소리쳤다: "이제 그만 바다를 보지 말고 뒤를 돌아보아라!"

아~ 아~ 이게 웬일인가! 석굴암의 본존 부처님이 정면으로 동해바다의 일출을 맞이하고 있는 것이 아닌가? 석굴암의 본존 부처님의 이마 위에 동해바다의 햇살이 한 일 자로 수를 놓고 있었다. 그 이마 미간 정중앙 인당 자리에 구멍이 있는데, 속설에 의하면, 그 구멍에 다이아몬드 같은 희귀한 보석이 들어있어서 동해바다에서 떠오르는 햇빛을 받아들여 오묘하게 산란시켰다고 했다. 그러면 돌부처님의 온몸뿐 아니라 주변의 모든 부처님, 감실의 조각들이 모두 살아움직이는 느낌이 된다는 것이다. 그런데 왜놈들이 그 보석을 파내서 가져갔다는 것이다. 그러나 그 보석의 존재 유무와 관계 없이 햇빛은 앞의 가로지른 돌기둥을 지나 정확하게 일 자로 이마를 띠두르고 있었다. 참으로 오묘했다. 어떻게 그 광활한 천지간에 햇살이 부처님의 이마를 때리는 그 포인트를 찾았으며, 또 그것이 어김없이 부처님의 이마를 비추도록 천지공간을 디자인할 수 있었단 말인가?

세종대왕의 한글창제가 보이지 않는 말소리의 디자인이었다면, 이 경덕왕 · 김대성의 석굴창조는 우주에 가득찬 빛의 디자인, 그것은 궁극적으로 시(주宙) · 공(우宇)의 디자인이었다. 동시에 이 석굴암의 어마어마한 영력은 왜적들이 이 땅을 침범하는 것을 막는다는 호국불교적 상징성을 지니고 있었다.

석굴암 본존불과 관음보살

석굴암의 부처는 본존불本尊佛이다. 본존이라는 것은 여러 세에 현현한 부처가 아니라 인간세에 역사적으로 존재했던 싯달타의 리얼한 모습이다. 반가사유상이 로댕의 "생각하는 사나이"처럼 청년 싯달타의 고뇌하는 모습을 그리고 있다면, 본존불은 대각을 성취한 직후의 당당하고도 대자대비의 평화를 구현하고 있는 부처님이다.

석굴암에 대해서는 내가 할 말이 너무도 많겠으나 지금 시간에 쫓기는 형편, 조비의 질투에 시달리는 조식이 「칠보시七步詩」를 써야만 했던 정황과 다를 바 없어, 빨리 주제를 옮겨야 하겠으나 마지막으로 한두 마디만 첨가하려 한다.

우선 석굴암은 순수히 우리나라 토질의 화강암으로 만든 것이라는데 세계적으로 유례가 없는 것이다. 석굴암 그 자체가 자연적으로 있는 석재를 파들어간 것이 아니라 화강암의 조각을 구성하여 하나의 부처세계를 창조해낸 것이다. 정면으로 보이는 본존의 대자대비의 의젓하고도 그윽한 모습, 쌍가부좌를 튼 무릎 위에 사뿐히 두 손을 올려놓은 모습이 전체가 하나의 화강암 통돌로 조각되어 독특한 담백미를 우려내고 있는데 그 근엄하고도 소박한 모습은 세계 어느 부처와도 비견할 바가 없다. 본존불의 좌대석도 현존하는 것으로 가장 완정하고 아름다운 것이다.

본존불은 정면만 중요한 것이 아니라 완벽한 환조의 섬세한 조각이다. 편단우견의 옷자락이 등 뒤로 흘러내린 맵시의 자연스러움은 비단결보다 더 곱다.

뒷켠 벽에 부조로 조각되어 있는 십일면관음보살은 본존불과 더불어 인간이 표현할 수 있는 모든 지고한 모습이 다양한 자태로서 현현되어 있다. 본래의 얼굴 이외로 11개의 얼굴이 있는데 이는 살아있는 인간이 가지고 있는 모든 얼굴의 표현이다. 살포시 내리 뜬 눈 밑으로 오똑 솟은 광대뼈, 밋밋한 콧날 밑에 야무진 입술가에 맴도는 잔잔한 미소, 그 얼굴은 젖가슴에 파묻혀 지켜보았던 엄마의 모습이다. 아주 평범한 조선여인의 인종과 자애를 그려내고 있다.

관음보살 외로도 대범천과 제석천, 문수보살과 보현보살, 그리고 십대제자의 모습이 둘러쳐져 있고, 감실의 조각상들은 하늘과 땅을 연결하며 석굴의 깊이를 더욱 그윽하게 하고 있다.

나는 이러한 석굴암의 황홀한 조각이 인도 아잔타 석굴의 조각상들과 불과 2세기밖에 떨어져 있지 않다는 것을 생각하면 이러한 놀라운 문명의 성취는 독자적 문화기반이 없이는 이룩할 수 없는 것이라는 사실을 재확인하게 되는 것이다.

석굴암 11면 관음보살

고인돌과 고조선

나는 전라도 논가에 마구 뒹굴고 있는 거대한 돌덩어리들, 이름도, 역사도 없는 듯이 보이는 고인돌을 정교한 석굴암의 예술과 동일한 차원에서 볼 수 없는 사람은 불인不仁한 사람들이며, 역사를 논할 자격이 없다고 생각한다. 우리나라는 고인돌의 나라이다. 이집트에 가서 기자의 피라미드를 쳐다보면서 그 장대함에 경악하는 사람들이 자국에도 그를 초월하는 거석문화가 있다는 것은 상상을 하지 못한다.

고인돌을 비롯한 거석문화는 북유럽, 서유럽, 지중해 연안 지역, 흑해 연안, 인도, 동남아시아, 동북아시아 지역에 걸쳐 세계적으로 분포되어 있지만 그 밀집도가 가장 높은 곳이 바로 고조선문화와 결부되는 동북아 조선대륙 지역이다(※ 나는 조선을 반도라 부르지 않는다. 조선반도라는 것은 일본인이 조선을 비하시켜 "쵸오센한토오"라고 부른 데서 비롯된 것이지 우리는 우리 자신의 땅을 반도라 부르지 않았다. "페닌슐라peninsula"라고 하는 지형학적 개념이 전혀 없었다. "조선대륙"이 적합한 표현이다).

우리나라 지역에 약 4만 기가 분포되어 있는데 전 세계적으로 분포된 고인돌은 전체를 합해봐야 수천 기에 불과하다. 4만 기 중에 2만 기가 전라남도 지역에 밀집되어 있으니 우리나라 남도의 문화는 이 고인돌과 분리해서 생각할 수가 없다. 피라미드도

무덤이고 고인돌도 무덤이다. 고인돌 아래에도 분묘의 석실이 있다.

우리나라 대부분의 고고학 발굴자들은 분묘의 발굴에서 금관이나 돈이 될 만한 이색적인 것이 나오면 그 자리에 역사적 의미 historical significance를 부여하지만, 그런 굉장한 부장품이 나오지 않으면 전혀 해석을 가하지 않는다. 그리고 고인돌 하면 청동기시대라고 그냥 시대적 국한성에 획일적으로 귀속시킨다. 고인돌에서 대단한 유물이 나오지 않는다는 것 자체가 그 고인돌무덤을 만든 사람들의 사회문화의식이 우리가 생각하는 시간(역사)의식과 다르다는 것을 읽어내야 할 것이다.

전남 화순 · 해남에 가면 어마어마한 고인돌군집이 있지만, 더 극적인 장면은 창녕에 가면 어마어마하게 거대한 고인돌을 만날 수 있다. 수백 톤에 달하는(최근 발견된 김해고인돌은 400t으로 추산되고 있다) 이 거석을 운반하는 데 그 거리가 멀 경우 1천 명에 가까운 일꾼이 동원되어야 한다. 하여튼 엄청난 인력을 소요하는 작업인데 우리는 그 작업을 감행하는 공동체의 하부구조에 관하여 놀라운 추론을 하지 않을 수 없다. 고인돌사회는 인력이 매우 풍요로운 사회였다는 것이다. 창녕에는 그토록 거대한 돌이 산마루를 따라 일곱 개나 북두칠성의 형태로 놓여 있었다고 했다. 석굴암이 우주의 토함의 기를 디자인했다면 창녕의 고인돌을 배치

전남 해남군 화산면 연정리 고인돌군집

전남 화순군 고인돌군집

한 사람들도 하늘과 땅을 연결하는 오묘한 감응의 디자인을 하고 있었다고 보아야 한다. 분명 누구의 죽음을 기념하기 위하여 만든 거석이지만 그 계급적 하이어라키를 과시하기 위한 설치물이 아니었다는 것이다. 족장과 서민 사이에 엄격한 상하질서가 있었던 것도 아니고, 부족회의는 매우 민주적인 절차를 통해서 공동체의 문제상황을 의논했을 것이다.

전라남도의 고인돌을 보면 작고 큰 것이 계급적인 서열이 없이 배열되어 있다. 그리고 아무개가 더 절대적인 권력을 소유한다는 의식이 없다. 창녕의 고인돌도 일인들이 조선을 강점한 후 도로에 깔기 위해서 다 깨버렸다고 한다. 동네사람들이 사정사정하여 하나를 남겨두었다고 한다. 창녕 사람들에게는 그 고인돌이 단순한 돌맹이가 아니라 역사와 프라이드를 간직한 역사적 의미체였던 것이다.

아름다운 고인돌의 모습은 포항시 북구 기계면杞溪面 문성리文星里, 비학산飛鶴山 기슭 너른 논 한가운데에서도 볼 수 있다. 동리 입구에 정확하게 자리잡고 있는 이 고인돌(꼭 메주덩어리처럼 반듯하고 기다랗게 생겼다)의 모습만으로도 이 동리의 고대지형과 생산구조를 추론해 볼 수 있다.

경남 창녕군 장마면 고인돌

경북 포항시 문성리 고인돌

쌀의 기원은 동남아가 아닌 한강상류

우리는 쌀의 원산지를 보통 남방의 동남아 지역으로 알고 있는데, 그것은 우리가 흔히 안남미라고 부르는 장립벼의 경우에 해당될 수는 있을지 몰라도, 우리가 보통 쌀이라고 부르는 단립벼의 재배기원은 한강 상류의 남한강 유역과 금강 상류 유역이라는 것이 입증되었다. 청원군 소로리小魯里볍씨(남한강 상류와 금강 상류의 발원지. 구석기시대 동굴유적이 집중되어 있다)는 BC 1만여 년 전의 것으로서, 지역적으로 그리고 시기적으로 고립된 현상이 아니라, 지역적으로 확산되고 시기적으로 지속되어, 새로운 시대를 연 단립벼 재배 농업혁명의 씨앗이 된 것임을 알 수 있다. 쌀농사가 고조선의 하부구조를 튼튼하게 만들었다는 것을 알 수 있다. 쌀농사는 남방에서 유입되어온 것이 아니라 자체로써 개시된 농업혁명임을 알 수 있다(신용하, 『고조선 국가형성의 사회사』 p.52).

공자는 고조선 문명을 의식하고 살았다

『논어』「공야장」 제6장에 재미있는 에피소드가 하나 실려있다(5-6).

> 공자께서 말씀하시었다: "나의 도가 실현될 수 있는 기미가 이 동쪽의 여러 제후국의 현실 속에서는 보이지를 않는구나! 에헤라! 모르겠다. 뗏목이나 타고 망망대해를 흘러나 가볼까? 이런 상황에서 나를 따라 나서는 놈은 자로 하나일 거야!"

자로가 이 소리를 듣고 몹시 기뻐하였다: "맞어! 맞어 신명을 다해 공자님을 모실 사람, 나밖에 더 있을라구!"

공자께서 자로가 기뻐하는 순진한 모습을 보고 이렇게 말씀하시었다: "유는 용맹을 좋아하는 것은 분명 나를 뛰어넘는다. 그러나 자로는 사리를 헤아리는 바가 좀 부족하다."

자로(그의 이름은 유由)는 공자의 측근 제자 중에서 나이가 제일 많다고 해야 할 것이다. 자로는 공자보다 9살 연하이다. 증자의 아버지인 증석이 3살 연하라고는 하나, 공자의 제자로 말하기에는 그의 아이덴티티는 공자학단의 분위기에서 좀 벗어나는 인물이다. 증자문인들이 증석을 무리하게 공자의 훌륭한 제자인 것처럼 띄워 올려놓았다. 그런 데 비하면 자로는 노나라 변卞 땅의 유협遊俠(의로운 협객)으로서 학문에 대한 향심이 깊었고 의리가 있어서 공자의 충복노릇을 했다. 공자가 자로를 제자로 둔 후에 한 유명한 말이 있다: "내가 자로를 얻게 된 후로는自吾得由, 내 귀에 험담이 사라지게 되었다惡言不聞於耳."(『사기』「중니제자열전」). 자로의 주먹이 공자를 든든하게 지켰다는 얘기다.

자로는 깡패였고 방외인이었고 협객이었다. 그러나 그가 공자의 문하에서 인격의 트랜스포메이션을 일으키는 과정이 공자시대에 선비가 만들어지는 한 전범이다. 자로가 없으면 『논어』는 재미가 없어진다. 안회가 공자의 데미안이었다면, 자로는 공자의 분신이었다. 자로에게 있어서 공자는 절대적인 존재였다. 자기에게 무어라 하든, 절대적인 존경과 충성을 바쳐야 할 우뚝 선 태산이었다. 그리고 공자에게 있어서 자로는 더없는 삶의 위로였다. 자로는 고난의 동반자이자 영감의 원천이었다. 이러한 두 사람의 관계를 잘 나타내주는 드라마틱한 내면의 영적 대화가 이 장면을 구성하고 있다.

우선 "승부부우해乘桴浮于海"라는 구문을 정확히 해석해야 하는데, 그 앞에는 "도불행道不行"이라는 말이 있다. "도불행"이란 공자가 꿈을 꾸던 이상적 정치가 행하여질 수 있는 기회가 올 것 같지 않다는 탄식이다. "아~ 아~ 도가 행하여질 수 없겠구나!" "도가 행하여지지 않고 있구나!" 이와 같은 탄식은 그의 열국주유시기 말기의 탄식일 것 같다. 그러한 절망감에서 다음의 "바다" 이야기가 접속되고 있다.

나무 목 변의 "부桴"는 "뗏목"이며 제대로 항해의 기능을 갖춘 배는 아니다. 그러니까 구체적인 항해의 결의를 가지고 하는 얘기는 아니다. 동경이나 소망(wishful thinking)을 나타내는 말일 것이다. "승부乘桴"는 "뗏목에 올라타"의 뜻이다. 다음에 본 절이 나오는데 그 해석이 여러갈래로 나뉜다. 그러나 그 뜻은 명료하다. "부우해浮于海"는 "바다에 떠있고 싶다"라고 해석되는데, "떠있다"라는 것이 그냥 바다에 둥둥 떠있고 싶다는 카오스적 열망을 나타낸 것인지, "뗏목을 타고 바다 건너 어디론가 가고 싶다"는 이상적 신천지에 대한 동경과 포부를 나타낸 것인지에 관해서는 해석의 자유이지만, 조선의 식자들은 산동 사람인 공자가 "바다 건너"에 대한 동경이 있다면 그것은 고조선밖에는 있을 수 없다고 생각했다. 이러한 상황에서 데려갈 사람은 자로밖에 없다고 말한 것은, 도가 행하여지고 있지 않은 중원中原의 실정에 비추어 바다 건너 조선에서 새로운 정치를 펼치고자 한다면 나를 도와줄 수 있는 사람은 자로밖에 없다는, 자로에 대한 신뢰감을 표명한 것이다.

이와 비슷한 맥락의 말을 전하는 대화가 「자한」편에도 실려 있다(9-13). 이 대화는 공자의 소망을 그리는 내러티브로부터 시작된다.

子欲居九夷
자 욕 거 구 이

공자는 구이九夷 지역에 가서 살고 싶어하셨다.

우리는 "이夷"라 하면 "오랑캐 이"라고 훈을 다는 습속 때문에 "이"에 대한 중원사람들의 그릇된 편견을 그냥 수용하기 쉽다. 그러나 이는 동북아대륙에 사는 사람들을 일반적으로 부르는 이름이요, 그것은 "큰(大) 활(弓)을 잘 다루는 사람들"이라는 의미를 지닌다. 우리 조선민족이 활솜씨가 탁월하다는 것은 예로부터 정평이 있었다. "구이九夷"라는 것이 중원을 벗어난 다른 코스모스에 있는 열국을 합친 나라를 총칭하는 개념으로 본다면 그것은 고조선을 가리키고 있다고 볼 수도 있다. "승부부우해"처럼 중원의 좁은 울타리를 벗어난 세계에 대한 동경, 자신의 도를 펼 수 있는 새로운 세계에 대한 모험의 가능성을 여기서도(「자한」편) "구이"라는 말로 표현하고 있다.

물론 우리 고조선의 역사가 공자가 인정하느냐 아니냐에 따라 그 가치가 결정되는 것은 아니다. 이 『논어』의 구문들을 통해, 우리는 공자시대에 이미 중국 이외의 문명세계가 중국의 현자들의 인식체계 속에 현존하고 있었다는 사실을 확인할 뿐이다. 공자의 제자가 왜 그 누추한 곳에 가시려고 합니까 하고 물으니, 공자는 군자가 사는 곳이 곧 문명세계일 뿐, 군자의 덕성이 거하는 곳에 "누추함"이란 있을 수 없다고 말한다. 공자는 중원과 구이에 대한 문명적 편견을 가지고 있지 않았다.

이러한 공자의 생각은 이미 은殷에서 주周나라로 역성혁명이 일어났을 때 은나라의 최고의 지식인이며 현자였던 기자箕子(기자는 중국 고대의 헌법이라고도 말할 수 있는 『홍범구주』를 주나라 무왕에게 논술했다)가 조선으로 왔다는 사태에 근거하고 있다. 이 한마디는 사마천 『사기』의 「송미자세가」에 나온다.

> 무왕에게 기자가 홍범구주를 가르치자, 무왕은 기자를 조선에 봉하였고 그를 신하로 대하지 않았다.
>
> 於是武王乃封箕子於朝鮮而不臣也。
> 어 시 무 왕 내 봉 기 자 어 조 선 이 불 신 야

『삼국유사』도 이 비슷한 뉘앙스의 문장을 올리고 있으나 당시의 지정학적 모든 사실을 봉합하여 볼 때, 기자가 온 것은 무력을 대동한 것도 아니요, 일족의 소수가 온 것인데 기자가 조선 전체를 지배했다는 식의 주장은 천부당만부당한 것이다. 그렇다고 "기자조선"의 존재사실을 거부할 것만도 아니다. 기자와 같은 대현인이 나라가 바뀌어 봉지를 잃고 있을 곳이 없었기 때문에 조선에 와서 기탁할 곳을 구하자, 난하 동부 유역에 작은 터전을 마련해주었던 것이다(윤내현 교수의 입론立論).

이것은 이미 기원전 11세기에 중원권역 밖에 중원과 대등한 세력을 지니는 대제국이 동북아대륙에 엄존하고 있었다는 사실을 입증하며, 기자와 같은 대석학을 수용하여 그 문화를 풍요롭게 만들었다는 것을 알 수 있다.

고려의 국경, 조선의 국경은 서간도 · 북간도를 넘어선다

우리가 알고 있는 고려의 국경은 매우 잘못 축소된 넌센스의 소산이다. 청나라 때의 강희제가 중국에 와있던 프랑스 선교사들에 명하여, 실측(삼각측량법)에 의거한 정확한 중국지도를 만들게 했다. 1708년에 시작되어 1718년에 강희제에게 헌상되었다. 그리고 또 프랑스 국왕 루이15세에게 제출되어 왕립도서관에 보관되었다. 이 지도원고가 출판에 들어가기 전에 국왕 측근의 지리학자인 당빌Jean-Baptiste Bourguignon D'Anville, 1697~1782(200개 이상의 정밀지도 제작)이 약간의 수정을 가하여 42장의 일반지도를 만들었다. 이것이 당빌의 『새 중국지도*Nouvel Atlas de la Chine*』이다.

이 지도에는 조선과 청나라의 국경선이 명료하게 표현되어 있다. 그런데 조선의 북방경계선이 압록강과 두만강보다 훨씬 북쪽으로 올라가 있으며 지금 북간도 · 서간도라 부르는 대부분의 지역을 조선의 강역으로 규정하고 있다. 이것은 18세기 초의 사실인데, 고려시대의 영토가 고려장성 이남의 5도양계에 국한된다는 것은 아무리 생각해도 어색하다. 오늘 우리가 생각하는 지명이 요동이나 만주땅에도 공통으로 쓰이고 있을 뿐 아니라 지명의 비정 자체가 매우 유동적이라는 사실을 항상 염두에 두어야 한다.

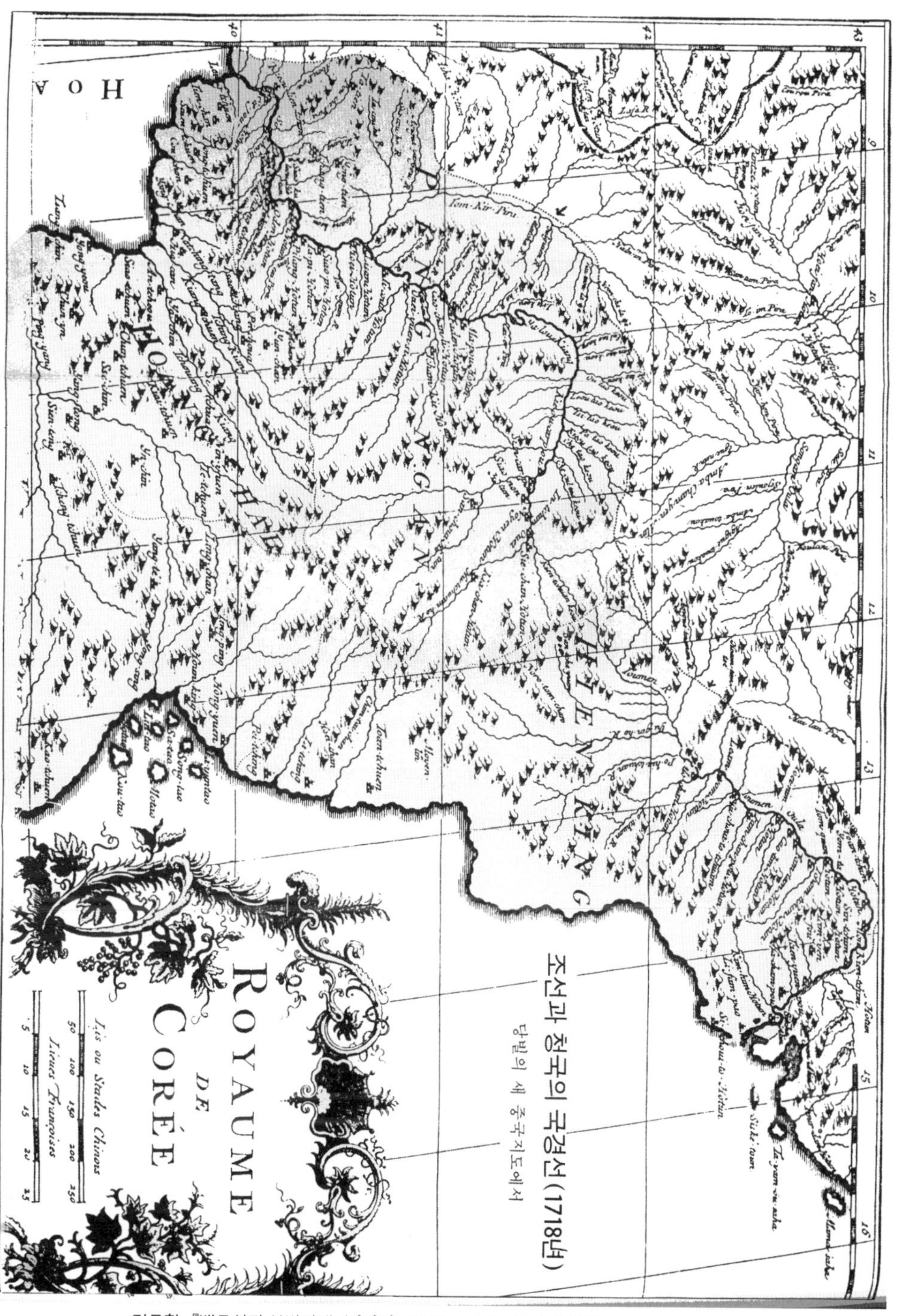

김득황, 『백두산과 북방강계』(사사연, 1987), p.16～17에서 전재.

고려는 황제의 나라였다

가장 결정적인 사실은 고려가 조선왕조의 제후국적인 자기규정과는 달리 "황제의 나라"였다는 이 엄연한 사실을 망각하고 있다는 것이다. 고려는 황제의 나라였으며, 개경은 황도였고, 인민은 황제의 신민이었다.

여러분이 우리 어릴 때부터 "교육의 도시"라 불리운 청주를 가보면, 그 번화가 한복판에 꽤 온전한 모습의 철당간이 높게 우뚝 서있는 것을 볼 수가 있다. 보통 절간 입구에 돌로 되어있는 당간지주만 남아있는 것이 그 상례이다. 그런데 청주의 읍성 한복판에 있었던 용두사의 경우는 양 돌지주 사이로 주물로 만든 쇠당간이 드높게 그 웅혼한 자태를 과시하고 있다. 그 당간은 거대한 원통모양의(양쪽이 막히지 않고 요철형태로 끼우게 되어있다) 쇠통을 조립하여 올라갔는데(밑지름보다 윗지름이 작아 안정성이 있다) 원래는 30통이 조립되어 당간의 높이가 60척(약 20m)에 이르렀다고 기록하고 있다: "구름을 뚫어 해를 받들고, 안개를 꿰어 태허의 의지처가 되었다." 현재는 20개의 원통이 남아있고 높이가 13.1m에 해당된다. 30통의 형세라면 6~7층의 높이가 될 것이다.

그런데 그 주물의 질이 얼마나 견고한지 녹슬지 않고 싱싱한 모습을 과시하고 있는 것이다. 옛날에는 청주가 고질의 철을 생산하던 곳이었다고 한다. 바로 이 동네에 있던 흥덕사興德寺에서 『직지심경直指心經』(『백운화상초록불조직지심체요절白雲和尙抄錄佛祖直指心

청주 용두사지 철당간

體要節』이 원명이다)이라는 경전이 세계최초의 금속활자로 인쇄되었다는 것도 결코 우연만은 아닐 것이다. 목판인쇄에서 금속활자로의 이행은 결코 어려운 발상의 전환이 아니다. 청주의 식자공들이 고질의 쇠를 다루다 보니까 "금속활자"라는 세계문명의 초전위적 발상을 하게 되었던 것이다. 이것은 모두 고려라는 나라("코리아"라는 이름의 원류)가 얼마나 대단한 인류문명의 리더였는가를 말해준다. 기록에 의하여 고려의 "가위"가 세계인의 사랑을 받는 기호품이었다고 한다.

애기가 좀 빗나갔는데, 용두사 철당간을 언급한 이유는 바로 아래서 세 번째 철통에 이 거대한 철당간을 만든 소이연과 그 건립

청주 용두사지 철당간 명문銘文

과정과 그 과정에 참여한 사람들의 이름과 명銘에 해당되는 주지스님(寺슈)인 석주釋紬 대덕大德의 시(4자8행)가 주물주조로 양각으로 돋아있는데, 바로 그 마지막 줄에 이 당간을 주성鑄成한 시점이 명료하게 기록되어 있다는 것이다. 그런데 우리의 궁극적 관심을 끄는 것은 "준풍峻豐"이라는 연호를 썼다는 것이다.

維峻豐三年太歲壬戌三月二十九日鑄成
유 준 풍 삼 년 태 세 임 술 삼 월 이 십 구 일 주 성

준풍 3년(고려 광종13, 962년) 임술년 3월 29일 쇳물을 부어 만들다.

연도와 날짜까지 이렇게 정확하게 명기한 예는 옛 유적에서 발견하기 힘들다. 나는 솔직히 말해서 이 당간이야말로 우리나라 국보 제1호가 되어야 한다고 생각한다. 숭례문을 국보 제1호라 하는 것은 조선왕조중심의 사관의 편견을 표방하는 것이며 추상적이고 보편적인 테마를 결한 보물인식의 표명이며, 서울중심의 지방색의 표현이다.

연호를 쓴다는 것은 시간의 창조이며, 역사의 시작이며, 주체성의 표현이다. 광종은 왕건의 넷째아들로서 탁월한 정치적 감각의 소유자였으며 사회변혁적인 혁명아였다. 그가 시행한 노비

안검법奴婢按檢法(노비를 해방시키는 법)은 호족의 기반을 무너뜨리며 중앙집권적 왕권을 강화시켰다. 후주에서 귀화한 쌍기의 등용과 과거제도의 실시도 고려사회의 합리적 기반을 다지는 혁신적 사업이었다.

우리는 조선왕조의 외교적 환경에만 익숙한 탓에 명나라와 조선의 관계만을 국제역학의 모델로 삼는다. 그러나 고려는 북송, 남송, 요(거란), 금(여진), 서하, 몽골, 명나라를 격렬하게 변천하는 외교무대의 함수로 대하는 나라였다. 고려는 송나라의 탄생과 흥기, 그리고 멸망 그 전체를 목도하였고, 원나라의 중원장악과 그 패퇴과정을 다 부감俯瞰한 천자의 나라였다.

경기도 하남 교산동 소재의 마애약사여래좌상 옆에 3줄로 27자의 글자가 새겨져 있다. 그 내용은 977년(경종 2년)에 불상을 다시 만들고 임금의 만수무강을 축원한다는 것에 관한 것이다(큰 바위에 부조. 글씨는 오목으로 팠음). 그런데 "황제만세원皇帝萬歲願"이라 하여, 경종을 "황제"로 적고 있다. 조선왕조의 감각으로는 "만세"도 못하고 "천세"라 해야 한다(『고려의 황도 개경』 창비, p.31).

경종景宗은 앞서 말한 광종의 맏아들이며, 광종의 과격한 호족제거 광풍 속에서 호족들의 반발 또한 거센 팽팽한 분위기에서 왕위를 물려받았지만 초기부터 호족들의 복귀를 허락하며 민심을 달래었고, 전시과田柴科를 마련하여 토지제도의 혁신적인 변환을 꾀한다. 광종의 혁신정치의 기본노선을 잘 밀고 나갔으며 발해의 유민 수만 명을 받아들였다. 그만큼 사회가 안정되어 있었다는 것을 의미한다.

내가 아무리 고려역사의 실상을 토로해도 독자들이나, 사학자들이 선뜻 내 이야기를 수용할 채비를 차리지 않는 이유는, 고려사의 가장 기본사료인 『고려사』가 매우 불안정한 텍스트이기 때문이다. 『조선왕조실록』은 조선왕조의 사람들이 쓴 것이다. 그런데 『고려사』는 황제국 고려의 사람들이 쓴 것이 아니라 제후국으로 자처한 조선의 역사가들이 쓴 것이다. 이것은 매우 불행한 조건이다. 고려의 역사는 고려를 패망케 한 신흥세력의 붓질에 의해 그 알파·오메가가 다 구성되었다.

고려사의 문제점

『고려사』의 최초의 원고는 역성혁명의 가장 중심축을 이루는 사상가인 정도전鄭道傳, 1342~1398에 의하여 집필되었다. 태조 이성계는 건국 직후인 태조 원년 10월에 정도전에게 전대의 역사를 편찬할 것을 명한다. 태조 4년 정월에 정도전·정총鄭摠은 37권의 고려역사를 편찬하여 진상하였는데, 그것이 이른바 『고려국사高麗國史』라고 이름하는 역사책이다. 그런데 불행하게도 이 책은 오늘에 전하지 않는다.

그러나 이 책은 당대에 이미 많은 논의를 불러일으켰다. 개찬의 논의가 일어나는 과정에서 문제된 주제는 첫째, 고려는 역사적 사료가 풍부한 나라였는데 매우 제약된 사료에 의거하여 기술하였으므로 내용이 극히 소략하고 빠진 사실이 너무 많다. 둘째, 사실史實에 대한 필삭筆削과 인물에 대한 포폄이 공정치 못해 오류가 많다. 셋째, 유교적이고 사대적(명明나라에 굴종) 역사관에 따라 참의僭擬의 사실(황제의 나라로서의 언행)을 낮춰버리는 바람에 당시의 진정한 사실을 매몰시켰다는 등등의 것이었다.

둘째로 지적된 "인물에 대한 포폄"이라는 것은 설명이 필요하다. 『고려국사』는 사마천의 『사기』의 역사기술(historiography) 방식에 의거하여 편년체(연대순으로 사건을 나열하는 방식)가 아닌, 기전체紀傳體라는 서술방식을 취했다. 본기와 열전이라는 것인데, 그 열전은 선정된 모든 사람의 개별 전기(biography)를 쓰는 것과도 같다. 사마천은 이 열전에서 매우 소설과 같은 풍요로운 상상력을 동원하여 그의 문학적 재능을 유감없이 발휘하였다. 정도전은 그의 살아 생전에 접한 정적들에 대하여 가혹한 평전을 썼던 것이다. 자신의 주관에 의하여 역사적 한 인간의 삶에 대한 포폄이 공정치 못했던 것이다.

뭐니뭐니 해도 가장 큰 문제는 셋째로 지적된 참의僭擬라는 주제인데, 정도전은 고려가 황제의 나라라는 사실을 참월僭越(분수를 뛰어넘음)로 간주했던 것이다. 여러분이 흔히 사대주의자(모화주의자)로 알고 있는 김부식金富軾, 1075~1151의 『삼국사기』를 펼치면 신라·고구려·백제순으로 그 역사가 기술되고 있는데, 모두 「신라본기本紀」, 「고구려본기」, 「백제본기」라는 형식 속에서 기술되고 있다. 이것은 김부식이 신라·고구려·백제를 모두 천자의 나라, 즉 제후가 아닌 독자적인 황제의 나라로 간주했음을 의미하는 것이다. 사마천의 『사기』를 펼치면 「오제본기」로부터 하·은·주 본기를 거쳐 「효무본기」에까지 본기本紀가 흐르고 있다.

그런데 『고려사』를 펼치면 "본기"는 아예 없고 "세가世家"(제후국의 역사)라는 말로 시작하고 있다. 고려의 역사는 제후국의 역사인 것이다. 고려가 제후국이라니 도대체 어느 나라에서 분봉을 받은 제후란 말인가? 송나라가 인간역사에서 태어나기 이전부터 엄존했던 나라이고, 그 장구한 500년의 역사를 통해 수많은 나라의 역사의 견제 속에서 당당한 주축을 이루었던 안정적 나라였던 고려를 제후국이라니, 도대체 말이 되는가!

황제의 칙서가 갑자기 변방의 강자에게 상주上奏하는 글로 변해야 하고, "짐朕"이라는 의젓한 일인칭은 사라지고 "여予"로 대치되며, "사赦"는 "유宥"로, "태후太后"는 "대비大妃"로, "태자太子"는 "세자世子"로 바뀐다. 아무리 조선조에 충성을 바치는 사관이라 하여도 이런 식의 왜곡을 그냥 수용할 수는 없었다.

가장 끔찍한 사례는 세가世家에서조차도 우왕禑王과 창왕昌王은 신돈의 아들이라 하여(허무맹랑한 논의일 뿐이다), 정식으로 등극의 절차를 밟은 임금임에도 불구하고 세가의 조종반열에서 빼버리고, 양인을 열전의 맨끄트머리, 그것도 반역열전叛逆列傳의 흉악한 카테고리 속에 집어넣은 것이다(반역열전은 권45에서 권50까지이다). 따라서 세가에서 황당하게도 공민왕에서 공양왕으로 2대를 건너뛰어서 직접 연결되고 있다.

생각해보라! 사서의 백미, 전사사前四史 중의 하나인 『후한서』에도 「여태후본기呂太后本紀」를 독립적으로 설정하였고("고후본기高后本紀"라 부른다), 『신당서』 『구당서』에도 측천무후則天武后를 본기本紀에 제대로 설정하지 아니하였던가! 어찌 황제국 고려의 정식 황제를 반역열전叛逆列傳에 집어넣어, 격하를 해도 유만부득이지, 어찌 그렇게 격 없이 비하할 수 있단 말인가!

정도전이 이론과 지략을 갖춘 혁명가임에는 틀림없으나, 개인적 감정의 호오 때문에 고려라는 위대한 문명을, 그것도 같은 민족일진대, 가치 절하하는 것은 조선건국의 명분을 정당화하기 위한 것이라 해도 사실의 왜곡이요 사가로서의 삼봉의 옹졸함을 나타내는 것이다. 조선왕조 태조 4년에 『고려국사』가 진상된 후부터 그 책은 "악서惡書"로 규정되었고, 정도전이 몰락한 이후부터는 개찬의 소리가 격렬해졌다.

그 이후 정종 · 태종시대를 거치면서 『고려국사』에 대한 찬정竄定 작업이 이루어졌으나(태종 14~16년, 하륜河崙 중심), 본질적인 개찬이 이루어지질 않았고, 세종조에 이르러 영민한 임금의 양식良識에 따라 "사실은 사실대로 직서直書하여야 한다"라는 방침을 내걸었어도 보수적인 신하(변계량卞季良 같은 인물)들은 이미 고전적인 석학들의 손에 의하여 이루어진 것을 함부로 고칠 수 없다 하여 반발하니, 결국 오리지날 『고려국사』의 정도전틀은 지속되었던 것이다. 세종은 신하들의 개수改修작업을 수용하기에는 "차마 ……할 수 없다"는 심정으로 계속 미루었다. 결국 세종 생전에 『고려사』는 완성되지 못하였다. 문종 때도 완성되지 못하였고 단종 2년 10월에 이르러 정인지鄭麟趾의 이름 아래 인쇄, 반포되었다.

역사는 사실의 나열이 아니라, 해석의 착종이다. 고려는 『고려사』로 인하여 빛나기도 하지만, 너무도 리얼리티에서 떨어진 모습으로 우리의 해석을 기다리고 있다.

나는 홍이섭 선생이 수유리 강의실에서 창밖의 푸르름을 바라보시면서 하시던 말씀이 생각난다.

"고려 청자의 빛깔은 우리의 일상적 감각이 미치지 못하는 현묘한 저 저 너머에 있단 말야! 새벽 먼동이 밝기 전에 일어나서 저 현명玄冥의 지평선을 응시해보란 말야. 먼동이 트기 전에 그 어두움을 뚫고 하늘과 땅이 갈라지는 그 틈새 사이로 푸르기 전에 깔리는 은은한 녹색이 젖어있는 밝음, 밝음과 어둠이 아직 구분이 되지 않는 그 갈림의 여명에 잠깐 비쳤다 사라지는 그 색깔이 바로 고려청자의 색깔일세. 고려의 장인들은 그 어마무시한 장작가마의 고온 속에서 그 평화로운 색깔을 찾으려 했지. 송자宋瓷를 어찌 고려자기에 비하겠나? 나는 제군들이 고려청자의 빛깔에서 조선백자의 담박하고 청초한 투명에 이르는 그 진실, 그 색깔, 그것을 우리민족의 역사라고 생각해주길 바라네! 해석된 사서의 찌꺼기 속에서 역사의 진실을 만나기는 어렵다는 것, 그것을 기억해주기를 바라겠네."

팔만대장경의 비밀

합천 해인사를 가면 가파른 지형 제일 윗쪽에 장경각藏經閣이라는 특이한 건물이 있고 그 속에 지금 근 800년을 그 모습 그대로를 지키고 있는 소위 8만대장경이 들어있다. 나는 이 8만대장경을 생각할 때마다 말할 수 없는 신비감에 휩싸인다!

八萬大藏經
普眼堂

지금 내가 이 8만대장경에 관하여 많은 얘기를 할 수는 없고 단지 젊은 학생들을 위하여 도대체 이것이 무엇인지, 고려라는 나라를 알기 위해서는 반드시 이 8만대장경을 알아야만 한다는 것을 간략히 이야기하려 한다.

대장경이라는 것은 하나의 고정된 책이 아니다. 불교는 기독교와 달라 단권으로 된 성경이라는 것이 없다. 불교는 깨달음(覺)의 종교이기 때문에 자기 스스로 깨닫는 것이지 어느 권위로운 성경을 믿음으로써 득도하는 것은 아니다. 모든 말씀은 깨달음의 방편일 뿐이며 말씀이 권위체계로서 깨달음을 주도하는 것은 아니다. 그래도 말씀을 써놓은 경전이라는 것은 나의 깨달음의 레퍼런스로서 중요한 의미를 지닐 수 있다.

불교의 역사의 초기로부터 석가모니(석가족의 성자)의 설법을 기록하는 제자들의 활동이 있었다. 그것을 결집이라 한다. 결집을 통하여 석가모니의 다양한 설법이 기록되었다. 이것을 수트라 sūtra, 즉 경經(실로 꿴다는 의미가 있다)이라 한다. 경은 역사적 불타의 설법이라고 여겨지는 것들이다. 그리고 초기 불교교단의 수행규범을 말해주는 계율律(śīla, vinaya)이 있다. 그리고 경을 해석하는 학인이나 각자들의 탁월한 해석체계인 논論(abhidharma阿毘達磨)이 있다. 이 세 분류체계를 경장·율장·논장이라 하여 삼장(Tripitaka)이라 말하는데, 이 삼장으로 분류되는 모든 문자를 크게 모은 것, 일체경一切經이라고도 말할 수 있는 것이 바로 "대장경"이다.

그런데 대장경이라는 것은 어디까지나 사람이 모으는 것이기 때문에 모으는 주체의 실력에 따라 그 질과 양, 주제의식이 다를 수밖에 없다. 그러니까 똑같은 대장경이라는 것은 있을 수가 없고, 문헌을 모은 사람의 실력과 안목, 역사적 환경에 따라 그 성격이 다르다. 예를 들면 고려8만대장경에는 선종禪宗에 관한 것도 많이 들어가 있는데, 선禪이란 것은 대강 중국 당나라 이후의 발전이므로 당 이전의 삼장에서는 있을 수 없는 것이다.

『8만대장경』이란 바로 종이로 인쇄하기 위한 모체가 되는 목판들의 모음인데, 정확하게 팔만일천이백오십팔 판이다(81,258장. 문화재청 공식통계). 셈하는 방식에 따라 그 숫자가 다르기 때문에 8만대장경에 관한 모든 숫자는 출입出入이 있다.

경판이 8만 장이라고 하지만 평균 3cm 정도의 두께(양쪽 끝의 마구리는 4cm 정도의 두께)를 지니는 경판은 한 면만 쓰는 것이 아니고 양면을 다 쓰기 때문에 8만경판은 실제로 16만여 경판이 된다. 그리고 가로로 기다란 직사각형의 모양이므로 중앙의 판심板心을 중심으로 접으면 성책成冊할 때는 목판 1개에 책 4페이지가 들어있는 셈이다.

현존 대장경에는 1,516종의 경전이 들어가 있으며 그 권수는 6,815권이다(한국불교연구원, 『해인사』에 근거).

목판의 크기는 일정치 않고, 문헌의 종류에 따라 글자수가 다르기 때문에 일괄적으로 말할 수 없으나, 실제로 글자를 새긴 부분은 세로 22~23cm, 가로 51cm 전후이다. 행은 23줄 혹은 24줄이고 1행당 글자는 14자이다. 평균적으로 한 면에 322자(23×14)를 새겨넣을 수 있고, 양면은 644자이다. 경판 전체 장수인 81,258장을 곱하면 전체 글자수는 약 5,200만 자字 전후이다. 양쪽 마구리를 포함하여 쌓아올리면 백두산의 높이를 훨씬 뛰어넘는다.

도대체 누가, 어떻게, 왜 이 백두산보다 더 높은 대장경을 만든 것인가? 우선 앞서 말한 대로 대장경이란 기독교성경처럼 고정적인 내용을 가지는 것이 아니다. 누가 어떠한 목적으로 편찬하냐에 따라 그 성격이 달라질 수 있다. 그리고 그 양과 질, 학술적 가치가 편차를 드러낸다.

고려8만대장경은 중국을 포함하여 전 세계에서 편찬된 대장경 중에서 여러 측면에서 가장 우수한 판본이라는 것이 사계의 정론이다. 양과 질이 타에 비교할 바 없다. 기독교역사로 말하자면 27서 정경을 뛰어넘는 더 방대하고도 정교한 성경이 고려에서 만들어졌다는 것과도 비슷한 얘기가 된다. 20세기 불교학을 주도한 것은 일본의 불교학자들이다. 전 세계 어느 나라보다도 탁월한 불교학의 논문이 일본에서 쏟아져 나왔다. 그런데 불교학이 성립하기 위해서는 그만큼 탁월한 대장경텍스트가 있어야 한다. 그 텍스트가 된 대장경이 바로 대정大正 연간(1912~1926)에 편찬된 『대정신수대장경大正新修大藏經』이라는 방대한 대장경이다(1924~1934).

세계불교학의 신기원을 마련한 이 『대정대장경』의 구두점과 교정작업을 주관한 인물이 타카쿠스 쥰지로오高楠順次郎, 1866~1945라는, 영국 옥스포드대학에서 막스 뮐러Max Müller의 지도를 받았고, 독일, 프랑스에 유학하여 동경제국대학의 교수가 된 탁월한 불교학자인데, 그는 『고려대장경』을 저본으로 해서만 『대정신수대장경』을 만들 수 있었다고 고백한다. 『신수대장경』은 해인사판 『고려대장경』의 20세기 활자본인 셈이다. 그는 매우 정밀한 교정을 보면서 해인사판 『대장경』텍스트가 얼마나 정밀한지, 그 8만 장 전체에서 오자나 탈자, 잘못 새겨넣은 글자가 100여 자 내외였다고 찬탄을 금치 못하고 있다.

9차례에 걸친 여몽전쟁은 1231년(고종 18년) 8월부터 시작되어 1259년(고종 46년) 3월에 이르기까지 28년이 걸렸다. 그런데 고려대장경이 조조彫造된 기간은, 여러 기록마다 차이가 있는데, 가장 길게 잡으면 1232~1251년의 20년이 되고, 대장도감大藏都監

이 만들어진 1236년을 기준으로 하면 16년이 된다(『고려사』기록에 의거, 1236~1251). 그러나 경판 자체에 새겨진 간지를 근거로 살펴보면 실제로 각한 시기는 1237년에서 1248년까지 12년간이다. 1248년에 경판이 완성은 되었지만 낙성기념식은 3년 후인 1251년(고종 38)에 이루어졌다고도 볼 수 있다. 그런데 무신정권의 당시 권력자 최우崔瑀가 관료들의 반대(개경을 지켜야 한다)를 무릅쓰고 강압적으로 천도를 강행한 것이 1232년이다. 이해 7월 6일 고종은 개경을 떠났다.

그러니까 여몽전쟁의 시작, 강화천도, 8만대장경의 조조("만들다"는 뜻) 이 세 사건은 거의 같은 시기에 일어난 사건들이다. 따라서 이 사실만 가지고도 다음과 같은 얘기는 쉽게 꾸며질 수 있다. 강화도로 피신 온 왕·최씨무신정권이, 불력佛力에 의하여 몽골군을 격퇴하기 위하여 『대장경』의 조조를 시작했고, 그 작업은 강화도에서 이루어졌다. 최씨무신정권은 이 불경제작 대작업을 통하여 국민의 여론을 통합시키고 백성들의 단합을 꾀하고자 했다 운운. 과연 이게 말이 된다고 생각하는가? 세상에 이런 픽션이 먹혀들어 가도록 인과가 돌아가고 있단 말이냐?

자아! 생각해보자! 지금 윤석열이가 북을 계속 도발하여 북이 참다못해 탱크와 미사일을 동원하여 남으로 쳐들어오고 있다고 생각해보자! 그 우르릉쾅쾅 소리를 들으며 우리 국가 전체가 할렐루야를 외치면서 세계 제1의 방대한 성서주석 경·율·논서를 편찬하여 그 성서의 영력으로 외적을 물리치기를 기원하고 있다! 과연 그게 있을 법한 이야기이기나 한가? 도대체 씨알이 멕힐 이야기인가? 물리적 힘으로 얻은 무신정권이라면 힘으로 극복해야 할 것이 아닌가? 뭔 영력이냐? 부처님이 마술가라도 된단 말인가? 그런 얘기는 건진이나 천공에게 앵겨라!

"강화천도"라는 사건의 내막을 들여다보면 최우는 천도의 사전준비를 하지 않았다. 왕이 도착했을 때 왕이 거처할 제대로 된 건물도 없었다. 최우는 군대를 먼저 보내서 궁궐을 짓게 하였고, 궁궐, 관아 등의 시설은 천도 이후 백성들의 고된 공역을 통해 갖추어진 것이다. 천도 2년 뒤인 1234년(고종 21년) 여러 지방에서 징발된 민정民丁들의 노력으로 궁궐과 여러 관청이 세워졌다. 1251년에 국자감이, 1255년(고종 42) 태묘가 세워져 국도로서의 격을 갖추었다. 강화의 방비 비설로는 내성內城, 중성中城, 외성外城 및 연안의 제방 등이 만들어졌다. 연안의 제방은 1235년에 주군州郡의 일품군一品軍을 징발해 구축한 것이다.

그런데 최씨정권은 백성들이 전쟁에 시달리며 신음했던 것과는 달리 강도江都(강화도 임시수도)에서 매우 호화롭게 살았다. 최우는 자기 집을 지을 때 도방과 군대를 동원하여 개경으로부터 목재를 실어 날랐으며, 서산西山에 얼음창고를 지어 여름철에 쓸 어류

魚類를 저장할 정도로 사치스러운 생활을 했다. 팔관회·연등회·격구·명절들을 화려하게 즐겼다. 그리고 강도江都의 보위에만 힘을 쓰고 강도 밖의 백성의 삶이나 위기상황에 대하여 전혀 관심을 쓰지 않았다. 그리하여 강도 내와 외의 격절의 골은 점점 깊어만 갔다. 천도 초기에는 관·민이 힘을 합쳐 세계최강의 몽골군을 몰아내겠다는 의지를 보이는 기미가 없는 것도 아니었으나 시간이 지나면서 강도 내외의 괴리는 심하여져만 갔고, 그 괴리가 결국 고려라는 위대한 문명의 본질적인 패망을 초래하였던 것이다.

고려의 국인들은 점점 중앙정부에 대한 믿음을 잃고, 스스로를 스스로의 힘에 의하여 방위하지 않으면 아니 된다는 견결한 삶의 자세를 굳혀갔다.

지금 대장경이 만들어진 시기는 정확하게 고종이 강화도로 천도한 초기에 해당되며, 그 시기는 최씨무신정권이 새서울의 궁궐과 도성을 짓기에 광분하고 있는 시기였다. 과연 이 낯선 환경에서 어리벌벌하고 있는 지배층의 멍청한 자들이 그 심오하고, 그 광대무변한 우주적 사유세계를 배회하는 팔만대장경의 위업을 가시화하는 판각을 하고 있었을까? 도대체 누가, 어떻게, 무엇을 각한단 말인가?

역사적으로 최초의 대장경은 송나라 태조 개보開寶 4년(971)

사천 성도에서 각하기 시작하여 송태종의 태평흥국太平興國 8년(983)에 완성한 것인데, 이것을 『개보장開寶藏』이라 부른다. 그리고 사천에서 각하였기 때문에 "촉판蜀版"이라고도 하고, 북송관판北宋官版이라고도 한다. 우리는 송나라라고 하면 신유학의 시대로 잘못 알고 있으나 주자학이라는 것은 남송말기에나 세를 펴기 시작한 것이며 송나라는 중국화된 불교의 전성기였고 선종이 흥륭하던 시기였다. 이 『개보장』은 향후 모든 한문대장경의 모본母本이 되었다.

고려에서는 현종대에 송나라의 촉판에 뒤이어 세계에서 두 번째 『대장경』을 만들었는데 이것은 송나라의 촉판보다도 876권이나 더 많은 방대한 것이다. 이것이 바로 우리나라 초조대장경인데 현종 2년(1011)에 시작하여 선종宣宗 4년(1087), 흥왕사의 대장전이 낙성될 때까지 6대 76년에 걸쳐 진행된 대사업이었다.

그런데 이 초조대장경이 완성되기 전에 북방의 유목민족인 거란족(요나라)이 거란대장경을 완성한다(거란 성종聖宗 후반에서 흥종興宗에 걸쳐 제작됨). 이 거란대장경은 고려 문종文宗 17년(1063), 고려왕실에 선물로 보내졌다(『요사』 기록에는 1062년 12월에 보냈다고 했으니 운송시간을 계산하면 잘 들어맞는다). 그런데 이 거란대장경은 상당히 우수한 대장경이었고, 초조대장경이 수록하지 못한 많은 문헌을 수록하고 있었다. 고려사람들은 상당한 충격을 받았을 것이다.

모든 제국들이 문화적 경쟁을 하고 있었던 건강한 시기이기도 했다.

의천은 바로 이 문종의 넷째아들이며 의천이 출가한 것은 바로 이 거란대장경이 온 지 2년이 지난 시점이었다(1065년 5월 14일에 경덕국사景德國師를 은사로 하여 출가. 영통사에서 공부함. 북송유학 1085~1086. 북송에서 그는 고려국 황가승려로서 융숭한 대접을 받았다. 엄청나게 많은 자료를 수집).

의천이 당대의 불교세계를 누비면서 방대한 문헌을 모아 간행한 장경을 보통 "의천속장경"(1092~1100)이라고 부르는데, 이 명칭은 오해를 불러일으키기 쉬운 잘못된 명칭이다. 그는 매우 유니크한 관심과 컬렉션의 방식을 지니고 있었다. 그는 경전 자체의 수집보다는 경을 해석한 동북아시아의 스님들의 해석체계, 새로운 논서중심으로 컬렉션을 했다. 지난 대장경에 빠진 것을 찾아내어 수록했다는 의미의 "속장경"이 아니라, 불교에 대한 이해를 확충시키는 연구논문집이라고 해야 할 것이다. 그래서 의천의 대장경은 "교장教藏"이라고 불러야 한다는 것이 사계의 중론이다. 이 교장은 보통 "제2차 조조雕造 대장경"이라고 부르는 해인사 대장경이 만들어질 때까지 존속하고 있었던 것으로 보인다.

한편 초조고려대장경판은 대구 팔공산 부인사에 수장되어 있었는데 몰지각한 몽골병의 방화로 소실되고 말았다(고종 19년, 1232).

절강성 천태산 국청사國淸寺에 있는 수탑隋塔. 의천은 이곳에서 공부했고 교장 자료를 모았다. 의천이 보았던 탑을 나 도올이 보고있다.

독자들에게 관심이 적을 수 있는 얘기가 너무 길어졌는데 해인사판 고려대장경이 만들어지기까지 동북아에서 많은 경쟁적 조조가 있었고, 고려에서도 그 전에 많은 위대한 시도가 있었다는 것만을 기억해주면 감사하겠다.

대장경 목판에 관한 과학적 사실들

우선 대장경판이 어떻게 만들어지는가, 그 매우 기초적이고도 과학적인 물리적 사실을 알 필요가 있다. 대장경판은 종이 인쇄를 위한, 요즈음 같으면 동판에 해당되는(현재는 "소부판" 또는 CTP판) 인쇄원판이다. 이 원판이 동銅이라는 광물소재를 쓰지 않고 목판으로 되어있는 것인데 이 목판은 그 소재가 아무 나무나 될 수가 없다. 거대한 소나무를 켜면 좋을 것 같지만 일체의 침엽수는 사용이 불가능하다. 침엽수는 나무가 너무 무르고 봄에 자란 세포와 여름에 자란 세포의 크기 차이가 너무 커서 글자 새기는 데 제1의 조건인 균질감이 없다. 나이테가 분명히 나타나는 나무는 실격이다. 경판목은 침엽수가 아닌 활엽수에서 찾아야 한다. 그런데 활엽수 중에서도 물관세포가 나이테의 시작부분에 몰려있는 환공재環孔材는 경판목으로 쓸 수 없다. 재질이 고르지 않아 글씨를 새길 때 튈 수가 있기 때문이다. 전체적으로 물관이 크지 않고 골고루 배열되어 있는 산공재散孔材여야 한다. 산공재라도 몇 가지 조건이 필요하다.

첫째, 세포종류별로 지름의 차이가 크지 않아야 한다. 둘째, 굵기가 아름드리에 가까워 경판을 켜낼 수 있는 싸이즈가 확보되어야 한다. 셋째, 아무리 경판에 합당한 좋은 나무라도 구하기 어려우면 쓸 수가 없다. 지금 경판의 수는 팔만 장 이상이니 재목의 분량은 어마어마한 것이다. 손쉽게 구할 수 있어야 한다. 일례를 들면, 우리나라 박달나무는 이상적인 나무이지만 너무 단단해서 글자새기기가 어렵고 강원도 이북에 소량 자라는 나무래서 목판을 켜낼 싸이즈의 나무를 만나기 힘들다. 다듬이방망이 만들기에는 편리한 나무이다(박상진 지음, 『나무에 새겨진 팔만대장경의 비밀』, pp.60~79).

이런 모든 조건을 갖춘 나무 중에서 주재主材로 떠오르는 나무가 벚나무 종류의 맏형이라 할 "산벚나무"이다. 이 "산벚나무"(*Prunus sargentii*)는 장미목, 장미과, 벚나무속의 나무로서, 일본의 사쿠라와는 다른 우리의 토속적인 정감이 배어있는 전형적인 산공재나무이다. 현존하는 팔만대장경의 표본수종을 조사한 결과 산벚나무가 62%, 돌배나무가 14%, 거제수나무가 8%임이 밝혀졌다. 전통적으로 팔만대장경이 자작나무로 만들어졌다는 허무맹랑한 낭설이 유행했으나, 그 매끄럽고 잘 벗겨지는 흰 껍질이 불화를 그리는 데 사용되기는 했으나 경판으로서는 전혀 사용된 적이 없다. 팔만대장경 나무 중 자작나무는 단 한 판도 없다.

그런데 팔만대장경의 경판재의 주종인 산벚나무와 돌배나무는 모두 해인사 부근에서 쉽게 채취된다. 이 과학적 사실로부터 우선 고려대장경이 강화도 피난 시에 "전등사"나 "선원사禪源寺" 같은 곳에서 조조되었다는 것은 터무니없는 낭설임이 쉽게 입증된다. 경판목을 구할 수 없는 곳이기 때문이다. 뿐만 아니라, 경판목을 운반하여 가공할 수 있는 다양한 환경이 주어질 수가 없는 곳이기 때문이다.

그리고 또 이런 낭설이 있다. 강화도에서 조조된 팔만 장의 경판이 고려말에 해인사로 옮겨왔다? 조선의 태조 7년에 옮겨왔다? 조선 초(태조 6년~태종 6년 사이) 9년을 걸려 옮겨졌다? 세조 초(1456년)에 옮겨왔다? 이 모두가 낭설일 수밖에 없다. 강화도에서 해인사로 경판을 옮기는 길은 두 길밖에는 없다. 하나는 강화도에서 한강을 거슬러 올라가 문경새재를 넘어 낙동강으로 내려오는 육상운반, 다른 하나는 선원사에서 강화해협으로 빠져나와 남으로 서해안과 남해안을 거쳐 낙동강으로 들어가는 해상운반이다.

그런데 어떤 루트로 어떤 방식을 쓰든지간에 경판의 운송에 들어가는 인력조건과 운반도구는 결국은 경판에 손상을 주게 되어있다.

조선초기 바다배 조곡선의 화물용량은 650석까지 실을 수 있다고 하는데 경판 수로 따져보면 5천여 장까지도 실을 수 있다는 계산이 나온다. 그래도 거대한 배가 20척 정도 필요하고, 포장무게까지 계산하면 30척의 배가 필요하다. 30척의 배가 서해안을 항해할 때의 위험부담은 이루 말할 수 없다. 이것은 도무지 그 신성한 세계적인 보물에 대한 예가 아니다. 마차에 실어 육로로 간다 해도, 달그락 달그락 거리는 마차 위에서 그 긴 여행을, 때로 비를 맞으면서, 전란의 환경 속에서 운송된다고 하는 것 자체가 우리의 사유의 가능성을 절絕하는 끔찍한 장면들이다. 그 과정은 반드시 여러 종류의 마멸의 형태로 그리고 갈라짐의 상처로 남아있을 수밖에 없다. 그러나 800년을 지속해온 해인사경판에는 그러한 흔적이 일체 없다! 과연 이것은 무엇을 뜻하는가? 그대들의 상식으로 헤아려보라!

경판 가공 과정

산벚나무가 있다고 해서 경판이 곧 만들어지는 것은 아니다. 산에 있는 나무를 통채로 베어 나르기는 인력에 의존해야 하기 때문에 매우 힘들다. 그러니까 벤 나무를 경판싸이즈로 잘라내는 전문인의 톱질을 요구한다. 옛말에 보통 경판은 뗏목으로 바닷물 속에 3년을 담겨져 있던 것을 쓴다고 했는데, 이것은 시간이 너무 걸릴 뿐 아니라 실제 부패방지나 나무결을 고양시키는 효과가 거의 없다는 것이 입증되었다. 서유구徐有榘, 1764~1845의

『임원경제지林園經濟志』에 의하면 경판재목으로 켠 것을 큰 솥에 넣고 소금물을 붓고 일정시간을 끓인 후에 그늘에 서서히 말리는 방법이 제일 좋다고 했는데, 서유구의 말이 정언正言인 것 같다. 산벚나무는 그리 크게 자라나는 나무가 아니다. 경판으로 쓸 수 있는 나무는 고목의 밑둥아리일 뿐인데 나무가 지름이 4~50cm 되는 아름드리나무래야 경판 2~3개밖에 얻지 못한다. 처음 경판의 두께는 5cm 정도인데 가공을 거치면서 3cm 정도가 되는 것이다. 산벚나무를 켤 때도 수심樹心(나무 한복판)을 지나가게 켜지는 않는다. 수심을 포함하는 경판은 건조과정에서 반드시 갈라진다.

경판 판자의 마무리 수치는 일정치는 않으나 대강 가로 77cm, 세로 24cm, 두께 3cm 정도이다. 그리고 양쪽으로 경판을 다루기 쉽게 만들고 서가에 꽂아놓은 양쪽 면이 서로 닿지 않도록 하는 마구리를 만들어 끼운다. 마구리 가운데를 끌로 파내어 경판을 끼우는 것이다. 그리고 마구리와 경판을 견고하게 연결하는 구리 혹은 쇠로 된 금속의 장석裝錫(모서리를 보호하는 금속판)으로 마무리한다. 경판은 옻칠을 하여 고급스럽고 고르게 만든다. 이 정교한 공정이 여기에 이르렀다고 생각하면 경판사업이 완수되었다고 생각하기 쉬우나 실제의 경판작업은 지금부터 시작하는 것이다.

경판 새김작업은 엄청난 지성인들의 참여를 요구한다

경판새김은 도장처럼 글씨가 거꾸로 새겨져야 하기 때문에 직접 목판 위에 칼질을 할 수가 없다. 숙련된 서각장인들이 구양순(팔만대장경 제조자들이 선택한 서체)체로 종이 위에 균일하게 쓰는 훈련을 상당기간 받아 해서의 서체를 통일시킨다. 그래서 먼저 재질이 얇은 창호지 위에 구양순체로 경 그 자체를 쓴다. 이 경전을 종이에 쓰는 작업이야말로 이 모든 경판작업의 핵이기 때문에 대학자들이 달려들어 교정을 봐야한다. 이 교정작업은 학자그룹의 단체적 행위이며 10교 이상을 보아서 오류가 없도록 고치고 또 고친다. 그래서 합격판정이 나왔을 경우 그 종이를 목판 위에 풀칠하여 밀착시킨다. 물론 도장팔 때처럼 거꾸로 붙이는 것이다.

최종합격지가 붙여지고 난 후에는 새김질이 시작된다. 이 새김질은 볼록새김(양각陽刻)이기 때문에 수고가 많이 들어간다. 그래서 글자가 도드라지는 부분만 상장上匠이 하고 글씨가 없는 공간이나 행간은 초보 새김이가 파내었다고 한다.

생각해보라! 이 작업이 얼마나 지난한 작업이겠는가! 한 사람이 글자를 새기는데 넉넉잡아 하루에 30자 정도라 한다(많이 잡으면 50자까지도 새길 수 있다). 그러니까 경판 한 장을 새기는 데 13일에서 21일이 걸린다. 전체 대장경판 글자수 5,200여만 자를 하루에 새길 수 있는 평균 글자수 40자로 나누면, 동원된 장인의 연인원이 약 130여만 명이라는 계산이 나온다. 집약적으로 새긴 시간이 12년이라 하니 매년 약 11만 명의 인원이 동원된 것이다. 그러나 이것은 새김의 과정에 국한된 인원의 숫자이니 보조적인 인구를 생각하면 이 대장경판작업을 진행시키는 데 매년 수십만 명의 전문인력이 동원되어야 했다고 확신할 수 있다. 새김의 장인수만 따져도 하루에 적게는 300명 많게는 1,000명 이상이 동원되어야 한다. 이것은 단순한 신앙심이나 외세의 침입을 막을 수 있는 불력이라는, 도사들을 좋아하는 김건희와 같은 인간의 우언迂言으로 해결될 수 있는 차원의 논의에서 근원적으로 벗어난 새로운 차원의 해석담론을 전제로 하지 않으면 안된다.

당대의 권력자인 최씨무신정권 사람들은 자기들이 무책임하게 운영해온 국정혼란의 결과로 생긴 이 불행한 사태(자신들의 안위에만 집착하고 향락을 추구했으며 빠르게 변하는 국제정세에 대처하여 군대를 양성하지 못했다)에 대하여 어떤 이유로든지 팔만대장경이라는 문화사업을 일으켜 어떤 역사의 전기를 마련한다는 여유로운 생각을 할 만한 인물들이 아니었다. 전쟁은 어디까지나 군사력으로 승리해야 한다.

임진왜란 승리의 비결

우리민족 역사에 가장 찬란하게 빛나는 승전인 임진왜란과 정유왜란(재란이 아닌 독자적인 성격을 갖는 왜란)만 해도 단순히 전략이

나 이순신 장군의 지략의 승리가 아니다. 왜놈들의 세키부네關船(왜병이 조선에 타고 온 대부분의 가벼운 배)를 무자비하게 분쇄시킬 수 있는 판옥선과 거북선이 준비되어 있었고, 가장 결정적인 것은 저들의 칼이나 조총을 무색하게 만드는 화포의 위용이었다. 임진왜란은 1592년 4월 13일 오후에 700여 척의 왜선이 부산항에 모습을 드러낸 것으로 시작하였으나, 바로 그 전날 4월 12일 이순신은 "식후에 배를 타고 거북선에서 지·현자포를 쏘았다"고 쓰고 있다. 여기 지·현자포라는 것은 『천자문』의 천天·지地·현玄·황黃의 순서대로 그 대포의 무게에 따라 배열한 것인데 지자포는 무게가 434.4kg, 사정거리 800보, 한번 발사하는 데 소요되는 화약이 750그람(20량)이다. 현자포는 무게 90kg, 사정거리 2,000보, 한번 발사 소요 화약이 150그람(4량)이다. 제일 큰 천자포는 무게가 725.4kg이나 나가며, 사정거리 1,200보, 소요 화약이 1,125그람(30량)이다.

이와 같이 이순신은 화포의 압도적인 우위를 지니고 있었기에 멋있는 전략을 짤 수 있었다.

선조는 왜군이 북상하여 곧 한성(당시 서울 명칭)에 들이닥친다는 소리 듣고 밥 한 끼의 준비도 없이 서둘러 떠났다. 도원수 김명원은 제천정濟川亭(한강변 한남동에 있었다)에 있다가 적이 오는 것을 바라보고 감히 싸울 생각도 못하고 군기軍器, 화포, 기계를 강물 속에 다 집어넣고 사복으로 갈아입고 도망쳤다(『징비록』).

그런데 더 통탄할 것은 당시 한성에는 화약이 군기시의 창고에 2만 7천 근이나 저장되어 있었다. 이순신이 한산도에서 원균에게 통제사 자리를 인계할 때 넘겨준 화약이 4천 근인데, 2만 7천 근이라는 것은 천문학적 숫자이다. 조선의 군대는 단 한 근의 화약도 써보지 못했다. 우선 수천 근의 화약이라도 탄금대에 보내 신립의 전투에 썼어야 했다. 한강에서 적이 건너는 곳에 화포를 설치하고 대형수송선과 나룻배들이라도 결집시켜 전투선단을 구성하여 방어작전을 짰으면 임진왜란을 한강에서 막을 수도 있었을 것이다. 그나마 왜적이 서울에 들어오자 도성 안의 백성들이 먼저 군기시의 화약에 불을 질러 잿더미가 되어 화약이 코니시군의 수중에 들어가지 않은 것이 다행이라고나 할까?

8만대장경 조조의 문화사적 의미

얘기가 빗나갔는데 단도직입적으로 팔만대장경의 조조彫造라는 이 세계사적 문화사업이 세계사적으로 가장 막강했던 몽골군의 침입 시에 국가의 총력을 다하여 만들어졌다는 이 사실을 어떻게 설명할 수 있을까?

실제로 경판이 조조된 기간이 12년이라고 한다면, 매일 1,000명 이상의 고급인력(기술자+지식인)이 동원되어야 하는 이 작업이

해인사의 대장경판전은 세계사에서 유례를 보기 힘든 기적적 건물이다. 긴 회랑 두 채로 구성되어 있는데 전면 15칸, 측면 2칸, 상하 판당은 도합 60칸이다. 놀라운 것은 전면, 후면에 난 창문이 높이가

엇갈려 있어 끊임없는 통풍이 이루어지고, 이상하게 날벌레도 날아들지 않고 수차례 자체 대화재가 있었으나 화마가 비켜갔다. 경판보존에 완전무결한 걸작으로 인정받고 있다.

몽골군퇴치라는 주술적인 목표로 이루어졌다는 허무맹랑한 가설은 우선 배제되어야 한다. 그리고 조조雕造 그 자체가 해인사와 해인사 부근의 사찰의 네트워크, 그리고 그 지역에서 나는 목재와 토착적인 가공기술에 의하여 제조된 것은 우리가 차분히 살펴보았듯이 엄연한 과학적 사실이다. 그러니까 팔만대장경의 조조는 중앙세력의 협조가 물론 있었겠지만 일차적으로 지방문화(indigenous local culture)의 풍요로운 깊이를 전제로 하지 않으면 안된다. 불교는 그만큼 황제국인 고려제국의 문화에 "자기화"된 깊이 있는 심층구조였다. 불교는 고려제국의 종교가 아니라 고려인들의 삶이요, 문화요, 바이탤리티였다.

한번 이렇게 생각을 해보자! 제2차세계대전의 동란 중에 어느 나라가 세계적으로 으뜸가는 대백과사전을 편찬한다고 하자! 현 우크라이나처럼 매일 포화에 시달리는 나라가 과연 그런 작업의 발상이나 흉내라도 낼 수가 있을까? 아마도 그런 시늉이라도 할 수 있는 나라는 그나마 막강한 물리적·학문적·군사적 힘을 가지고 있는 미국밖에는 없을 것이다. 그렇다면 우리는 고려라는 황제국이야말로 당시 미국과 같은 힘을 지닌 문화강국이었다는 매우 명백한 사실을 전제하고 "고려팔만대장경"이라는 인류 최고·최대의 경전의 탄생을 이해해야 되지 않을까?

사실은 몽골은 고려를 무력적으로 제압한다는 일념만을 가지고 대하지는 않았다. 몽골에게 고려는 몽골리안 족속의 수장이었던 고조선-고구려의 적통을 이은 존경스러운 나라였기 때문에 그들의 핏줄과 문화의 뿌리였다. 몽골이 저항하는 서양사람들을 가차없이 처단하고, 궤멸시킨 것에 비하면 고려를 부마국으로 대접하고 우호관계를 유지한 것은 색다른 관계양상이다. 원나라에서 고려인은 한족漢族보다도 높은 대우를 받았다. 그러니까 고려조정의 사람들이 조금만 역사적 비젼이 있었어도 몽골과의 관계를 매우 현명하게 처리할 수 있었을 것이다. 고종의 아들인 원종이 아직 황제로 등극하지도 않은 쿠빌라이를 찾아가 유리한 협상을 벌인 것도 현명한 행동에 속하는 것이다.

합천 해인사의 『고려대장경』은 그 학술적 가치가 무비無比의 대업이다. 예를 들면, 나와 같은 수준의 학문을 성취한 학자・학승이 수백 명은 있어야 이루어질 사업이다. 『고려대장경』에는 여기에 실리지 않았으면 영영 사라지고 말았을 소중한 문헌들도 포함되어 있으며, 한국불교사의 구성을 위한 주체적 자료도 많이 들어가 있다. 『개원석교록開元釋敎錄』(당나라의 개원연간713~741에 지승智昇, 658~740에 의하여 찬술된 일체경목록. 730년 성립)과 같은 목록학적 성과를 참조해가면서 각 경전의 명칭도 매우 정통적 입장을 고수하면서 신중하게 비정比定하여 놓았다. 도대체 이 많은 문헌을 어떻게 모았을까, 나에게는 신비를 추적하는 물음이나, 당대에 이미 고려의 여러 사찰에서 사간판의 경전을 개간하였고, 의

천의 교장도 살아 있었으며, 거란장경, 북송관판 등의 자료를 활용하였으리라고 추론된다. 누가 과연 이 방대한 작업을 주관하였을까 하는 것에 관해서는 명료한 답을 내놓는 논문이 없다. 개태사의 승통 수기守其 대사가 거론되고 있으나 수기에 관한 기록은 모두 그 정보가 부실하다(이규보가 어렸을 때 외가에서 수기를 만나 배웠다고 함. 『동국이상국집』).

하여튼 『해인사 고려대장경』은 위대한 고려제국문화의 정화라고 말해야 옳다. 그것은 몽골퇴치를 위한 주술적 불력을 기원하는 것이 아니라, 내일 멸망할지라도 우리는 이러한 문화 속에서

충남 연산 개태사開泰寺(고려개국사찰)에 있는 세계 제1의 무쇠솥

둘레 약 9.1m, 지름 약 2.89m, 무게 20톤. 대찰의 식사를 위한 철확鐵鑊이기도 했지만, 고려시대에는 이러한 솥으로 경판나무를 삶기도 했을 것이다.

산 사람들이며, 이 문화를 인류를 위하여 후세에 남겨야겠다는 사명감, 불타버린 초조대장경을 더 완벽한 장경으로 승화시켜 몽골에게, 그리고 전 세계 인민들에게 선포하고자 하는 문화적 자만감을 표방한 것이다. 그 프라이드가 결국 무신정권의 멸망을 가져왔고, 항몽抗蒙의 정신적 자산이 되었으며, 20세기 세계 불학연구의 새로운 장을 연 것이다.

우리는 역사를 너무도 제한된 문자 속에서 "실증"을 운운하고 있다. 역사에는 해석이 없는 사실은 없다. 우리의 상상력을 유발시키는 명백한 사실들이 문헌을 초월하여 아직도 조선대륙의 대기 속에서 춤추고 있다. 생각해보라! 왜 고려라는 말만 붙으면 "세계제일"이 될까?

고려의 미술

청주도심 한복판에 있는 용두사 당간만 쳐다보지 말고 거기에 걸릴 거대한 괘불탱화를 한번 생각해보라! 양산의 통도사 성보박물관에 가보면 거대한 탱화들의 전시를 흠상할 수 있다. "고려불화"라고 하는 것은 모두 압도적으로 세계 제1이다. 내가 본 고려괘불탱화 중 가장 거대하고 가장 아름다운 것은 일본 큐우슈우 사가켄佐賀縣의 카라쯔시唐津市 현립박물관縣立博物館에 위탁보관 되어있는 수월관음도水月觀音圖이다. 이 관음도의 소장자는 카라쯔시에 있는 카가미진쟈(鏡神社: 佐賀縣唐津市鏡1827)라고

상주 북장사 영산회 괘불탱화掛佛幀畵

1688년 조성된 조선탱화인데, 높이 12m, 폭 8m에 이른다. 당간에 이런 거대한 탱화가 걸리는 것이다. 그 위용은 가히 상상을 초월한다. 국태민안國泰民安의 공적 행사에 쓰였다. 기우제 때에도 걸면 효험이 좋았다고 한다.

한다.

"카라쯔"라는 도시 이름을 우리말로 읽으면 "당진"이다. "당진"이란 당나라로 가는 배의 나루터라는 뜻이다. 그러니까 일본에서 조선으로 가는 첩경의 길목항구가 "카라쯔"이고, 조선에서 중국으로 가는 뱃길에서 가장 많이 활용된 항구가 충남 당진이었다(원효가 당나라유학을 가기 위해 취하려 했던 루트가 평택-아산-당진에서 산동 등주登州로 이어지는 루트였다. 원효는 당진 부근에서 득도하고 유학을 가지 않았다). 그러니까 카라쯔는 조선의 역사와 일본의 역사가 겹치는 가교 노릇을 한 곳이었다. 카라쯔의 곳곳을 들러보면 우리역사의 흔적을 찾아낼 수 있다. 임진왜란의 왜선들이 집합하여 출발한 곳도 바로 카라쯔 주변이다.

카라쯔의 고려탱화

고려불화를 소장한 신사의 이름에 "카가미," 즉 거울(鏡)이라는 명칭이 붙어있는 것도 우리역사와 관련 있다. 신사 뒤에 카가미야마(鏡山)라는 산이 있다. 이 산은 진구우코오고오, 즉 신공황후神功皇后(일본의 14대 천황인 중애천황仲哀天皇의 황후로서 70년간 섭정. 일본개국통치자, 전설적인 히미코卑彌呼와 동일시되기도 하나, 연대가 맞지 않을 뿐 아니라 생애를 구성하는 이야기들이 황당하다)가 삼한정벌三韓征伐(이것도 앞뒤가 맞지 않는 황당한 이야기인데, 보통 삼한이라면 조선 남해안에 위치한 한韓세력을 가리키어야 한다. 그런데 이 기사와 관련하여 일본인들은 삼한을 고구려 · 백제 · 신라를 가리킨다고 믿는다. 일개 원시적 섬나라의 여인의 군대가 고구려, 백제, 신라를 다 복속시켰다고 믿는 것이다. 신화적 여인이 광개토대왕이 활약하던 시대의 삼국을 다 복속시켰다는 것은 상상의 픽션일 수밖에 없다. 일본의 고대사는 전설적으로 구성된 것이다) 때에 카가미산의 정상에 천신지기天神地祇를 모시는 사당을 건립하여 전승을 기원하면서 거울을 제단에 놓았더니 그 거울이 영험스러운 빛(靈光)을 발하였다는 신화로 얼룩지고 있다. 그리고 삼한정벌을 끝내고 돌아오는 길에 신공황후가 격한 진통을 하게 되었는데 이곳의 샘물을 마시고 진통이 없어지고 응신천황應神天皇을 순산하였다고 한다. 그래서 지금도 이 신사에는 순산을 비는 여인들의 발길이 끊이지 않는다. 그러니까 이 탱화의 소유자인 카가미신사는 일본 고대사의 주축이 결국 조선대륙의 남단과 관련되어 있음을 말해주는, 일본인에게는 매우 중요한 신사라고 말할 수 있다.

얘기가 좀 빗나갔는데, 나는 임진왜란의 현장답사를 위하여 이곳에 왔다가 잠깐 사가현 현립박물관에 들렀는데, 이 엄청난 괘불을 목도하게 된 것이다. 참으로 엄청난 괘불이었다. 세로가 4미터가 넘고(419.5cm), 가로가 3미터에 가까운(254.2cm) 이 괘불은 현존하는 고려불화 170여 점 중 가장 크고 가장 아름다운 것이다(2차 내한: 1995년 서울 호암갤러리, 2009년 양산 통도사 성보박물관).

관세음보살과 『화엄경』

이 부처는 우리가 보통 알고 있는 "관세음보살"을 그린 것이다. "관세음"이라는 것은 세상의 고통스러운 소리를 직관한다는 의미이니 관세음보살이야말로 인간세의 고통을 자기의 고통으로 삼고 살아가는 대자대비의 자재自在로운 보살이다. 아마도 이 순간에도 관세음보살은 대한민국의 보통사람, 즉 민중의 처절한 고통을 관觀(직시하다)하고 있을 것이다. 2025년 현재에도 민중의 고통을 발아래 짓밟고 권좌를 유지하려는 사람이 이토록 많은지, 이 나라 민주정부가 왜 이토록 썩었는지! 아~하~ 곪아 터질 대로 터져 모든 농이 사라지고 신선한 새 피부가 태어나려고 하는 것 아니겠어? 그런 희망이라도 걸어보자!

"관세음"이라 할 때 "관"은 그 고통스러운 세상의 소리의 내면을 직관한다는 의미도 있지만, 또 한편 한자로 쓴 관은 "보여준다"는 의미도 내포하고 있다. 세상의 고통을 드러내어 보여준다는 의미가 들어있는 것이다. 즉 수월관음도는 그 아름다운 자태를 드러내는 데 목적이 있는 것이 아니라, 그 자태가 머금고 있는 인간세의 고통을 보여주는 데 더 본질적인 가치가 있다. 아름다움은 비극적 정취가 없이는 아름다울 수 없다. 해인사의 『고려대장경』에도 "화엄경" 주제의 경전들이 많이 들어가 있다. 이 수월관음도의 관세음보살은 『화엄경』을 떠나서 생각할 수 없다. 고려인들은 대장경의 언어를 시각화하는 데 거대한 괘불을 활용한 것이다.

『화엄경』(보통 "대방광불화엄경大方廣佛華嚴經"이라고 한다)을 펼치면, 제일 끄트머리 제60권부터 제80권까지 "입법계품入法界品"이라는 법회가 실려있다. 여기에 구도자의 순결한 상징인 선재동자善財童子(Sudhana Śreṣṭhidāraka)가 모습을 드러낸다. 선재동자는 복성福城의 장자長子의 집안에서 태어나서, 문수사리보살을 만나 발심하여, 남방으로 구법의 여행을 떠난다. 관음, 미륵 등 53인의 선지식을 편력하고, 최후에 보현보살普賢菩薩을 만나 대원大願의 법문을 듣는다. 드디어 보현의 행위行位를 구족具足하고, 정각正覺, 자재력自在力, 전법륜, 방편력 등을 얻고 법계法界에 증입證入하는 데 이르게 된다.

이 장엄한 구도의 여행은 보살의 수도修道의 단계를 나타내는 장엄한 프로세스로서 이해되어 『화엄경』을 사랑하는 불교신자들에 의해 시각예술화 되었다. 인도네시아 최대의 불교건조물인 보로부두르(Borobuḍur)사원에 부조로 새겨진 선재동자 역참도歷參圖(8~9세기), 돈황의 막고굴莫古窟 벽화, 화엄경변상華嚴經變相(9세기) 등을 그 탁월한 예로 들 수 있다.

우리 고려의 수월관음도는 『화엄경』 제68권, 선재동자가 관세음보살을 찾아 나서서 최초로 만나는 순간을 시각화한 것이다.

경문을 읽고 이 그림을 쳐다볼 때 비로소 그 장엄한 진리의 세계가 펼쳐진다.

문득 바라보니, 서쪽 골짜기에 시냇물이 구비구비 흐르고 수목은 우거져 있으며 부드러운 향풀이 오른쪽으로 쓸려서 땅에 깔렸는데, 관자재보살이 금강석 위에서 가부하고 앉았고, 한량없는 보살들도 보석 위에 앉아서 공경하여 둘러 모셨으며, 관자재보살이 대자대비한 법을 말하여 그들로 하여금 모든 중생을 거두어 주게 하고 계시었다.

선재동자가 보고는 기뻐 뛰놀면서 합장하고 눈도 깜짝이지 않고 쳐다보면서 생각하기를 '선지식은 곧 여래며, 선지식은 모든 법 구름이며, 선지식은 모든 공덕의 광이라, 선지식은 만나기 어렵고, 선지식은 십력(十力)의 원인이며, 선지식은 다함이 없는 지혜의 횃불이며, 선지식은 복덕의 싹이며, 선지식은 온갖 지혜의 문이며, 선지식은 지혜 바다의 길잡이며, 선지식은 온갖 지혜에 이르는 길을 도와주는 기구로다'하고 곧 대보살이 계신 데로 나아갔다.

그때 관자재보살은 멀리서 선재동자를 보고 말하였다. "잘 왔도다. 그대는 대승의 마음을 내어 중생들을 널리 거두어 주고, 정직한 마음으로 불법을 구하고, 자비심이 깊어서 모든 중생을 구호하며, 보현의 묘한 행이 계속하여 앞에 나타나고, 큰 서원과 깊은 마음이 원만하고 청정하며, 부처의 법을 부지런히 구하여 모두 받아 지니고, 선근을 쌓아 만족함을 모르며, 선지식을 순종하여 가르침을 어기지 않고, 문수사리의 공덕과 지혜의 바다로부터 났으므로 마음이 성숙하여 부처의 세력을 얻고, 광대한 삼매의 광명을 얻었으며, 오로지 깊고 묘한 법을 구하고, 항상 부처님을 뵈옵고 크게 환희하며, 지혜가 청정하기 허공과 같아서 스스로도 분명히 알고 다른 이에게 말하기도 하며, 여래의 지혜의 광명에 편안히 머물러 있도다."

이때 선재동자는 관자재보살의 발에 엎드려 절하고 수없이 돌고 합장하고 서서 여쭈었다.

"거룩하신 이여, 저는 이미 아뇩다라삼먁삼보리심을 내었사오나, 보살이 어떻게 보살의 행을 배우며 어떻게 보살의 도를 닦는지를 알지 못하나이다. 듣자온즉 거룩한 이께서 잘 가르치신다 하오니 바라옵건대 말씀하여 주소서."

(우리나라 최초로 『불교사전』을 지으셨고, 석전 스님, 만해 스님의 제자로서 동국역경원을 설립, 역경사업에 헌신하신 대강백 운허耘虛 스님의 역본에 의함)

그런데 카라쯔의 『수월관음도』에는 제조상황을 정확히 알려주는 화기畵記가 남아있다. 고려 제26대 충선왕(재위 1308~13) 2년, 1310년, 왕의 후궁이던 숙비淑妃의 발원으로 8명의 화가가 참여해 그렸다고 기록해놓고 있다. 이 그림이 그려진 것은 고려대장경이 완성되고 나서 60년이 지난 후의 일이다. 그리고 이 그림이 카가미신사에 온 것은 1391년 11월이라고 한다. 이성계가 조선 왕조를 개창하고 태조로 등극하기 아홉 달 전이다.

여기에 얽힌 사연을 역사적으로 규명하는 것은 본서의 취지에 어긋나므로 생략하기로 하겠는데, 어떠한 연유로든지 카가미신사에 이 대작이 평화적으로 헌정된 것일 수는 없다. 여말 · 선초에 무자비하게 날뛴 왜구들의 노략질에 의한 사태일 것이다.

우학문화재단의 수월관음도

1991년 10월 22일, 소더비 뉴욕 한국미술품 경매에서 한 점의 『수월관음도』가 13억 1,683만 원(176만 USD)에 낙찰되었다. 한국미술사와 관련된 기념비적인 사건이었다. 미술전문가들이 "모나리자보다도 한 수 위다"라고 극찬을 아끼지 않은 이 『수월관음도』는 우선 보존상태가 매우 양호하다. 이 그림들은 광물을 갈아 아교와 섞는 과정에서 다양한 색깔을 내는 것인데 색깔이 변할 수도 있고 비단천 바탕이 마모될 수도 있다. 소더비경매의 주인공은 용인대학교 이사장인 이학, 그래서 보통 이 그림은 우학문화재단 『수월관음도』라고 불린다. 용인대학교는 체육분야와 동시에 한국예술의 보존에 각별한 관심을 쏟는다(탄탄하게 짜여진 문화재학과가 있다).

카라쯔의 수월관음도

우학문화재단의 수월관음도

카라쯔의 탱화에 비해 우학의 『수월관음도』는 우선 싸이즈가 작다. 세로가 100.3cm, 가로가 52.5cm이다. 1미터 정도 높이의 크지 않은 작품이다. 그래서 보존상태가 좋고, 고려시대불화의 디테일을 더 알 수 있게 해준다.

얼굴의 느낌이 우학의 관음이 더 남성적이고 권위롭다. 권위롭기에 더 자애로울 수 있다. 카라쯔의 관음은 얼굴이 매우 여성적이고 친근미가 있다. 양자 그림의 가장 큰 차이는 향방向方에 있다. 반가半跏의 형태가 반대다. 우학의 관음은 오른발을 왼발 무릎 위에 올려놓았고, 상체는 좌향을 하고 있다. 그런데 카라쯔의 관음은 왼발을 오른발 무릎 위에 올려놓았고 상체는 우향을 하고 있다. 우학관음은 얼굴표현이 남성적이라 하지만 손 모양은 지극히 슬림하고 여성적이며 또 섹씨하다. 양자의 수인手印도 거의 같은 모양을 하고 있으나 우학의 관음이 더 섬세하고 관능적이다. 손모양이 뜨거운 숯덩어리를 솜사탕처럼 살짝 쥐고 있는 듯하다. 손목에 염주를 걸쳤는데 거기서 내려뜨려지는 염주를 또다시 손가락으로 잡고 있다. 그 섬세한 다이내미즘은 말로 설명키 어려운 것이다. 턱아래로 이어지는 삼도의 모습도 비슷하고 머리로부터 흘러내리는 흰색의 사라紗羅도 같은 곡선을 그리고 있다. 우학관음은 선홍빛 치마 전면에 귀갑문이 정치精緻하게 꽉 들어차 있는데, 카라쯔관음은 귀갑문을 결하고 있다. 귀갑문의 존재가 우학관음의 고급스러운 느낌을 백프로 강화시킨다.

많은 사람이 수월관음도의 주인공을 관음으로 아는데, 실제로 관음도의 주인공은 관음의 맨발 아래 서있는 선재동자라는 사실을 잊고 있다. 선재동자의 구도가 주제인 것이다. 선재동자의 표현은 나는 개인적으로 카라쯔에 더 점수를 주고 싶다. 얼굴표정이 훨씬 더 순결하고 갈구하는 심정이 자연스럽게 유로되어 있다. 우학의 선재동자는 지극히 공경하는 자세는 잘 표현되어 있지만 얼굴이 너무 겁먹은 듯한 모습이고 등이 너무 올라와 있다. 카라쯔의 선재동자는 조선 시골의 순박한 아동의 차분한 모습이다. 우학의 『수월관음도』가 카라쯔의 『수월관음도』에 선행하는 더 오리지날한 것으로 나는 간주한다. 우학의 『수월관음도』의 색상과 형태의 완벽성은 참으로 놀라운 것이다.

너무도 많은 말을 할 수 있겠으나 요점은 우리나라의 사람들이 예술적 재능을 발휘하기만 한다면 항상 세계정상의 수준을 과시한다는 것을 나는 말하고 싶은 것이다. 현금, 군국주의와 자본주의, 출세지향적인 향락주의에 쩔어버린 고위층 쓰레기들의 가치관은 과거 이 땅의 모습이 아니라는 것을 확인하고 있는 것이다.

고려청자의 아름다움

고려청자도 송자宋瓷의 영향하에서 탄생한 것이라고 일직선적인 시간관을 가지고 말할 수 없다. 같은 시대의 시대정신을 표방한 것이며 자질 면에 있어서도 같은 조건하에 발생한 것이라

해야 할 것이다. 청자의 기원도 후백제시대의 가마에까지 올라간다는 연구도 있다. 청자의 비색翡色, 상감청자, 그리고 다양한 형태의 담박미, 그리고 고려 은입사제기의 정교함은 세계 어느 문명도 따라올 수 없는 창진적인 세계문명의 아방가르드라 할 수 있다. 이토록 섬세한 문명국을 개인의 탐욕과 권력욕에 불타 있는 족속들이 다스리겠다니, 그게 말이 되는가?

세계최고의 불교학보고인 『고려대장경』이 만들어진 지 192년 만에, 그리고 청주 흥덕사에서 세계최초로 금속활자본 『직지심경』(온전한 이름은 "백운화상초록불조직지심체요절白雲和尙抄錄佛祖直指心體要節"이지만 "직지심경"으로 불러도 무방하다)을 찍어낸 지 불과 66년 만에, 인류사상 가장 완벽한 소리글 체계인 "한글"이 탄생하였다. 단지 연대를 가리킨 것뿐이지만, 이 어마어마한 업적들이 집약된 시기 내에 탄생하는 것은 결코 우연만은 아니다. 우리는 여태까지 너무도 우리 스스로를 깔보는 데만 익숙해왔다. 자비감에 젖은 역사는 창진적인 미래를 산출하지 못한다. 그래서 윤석열이나 김건

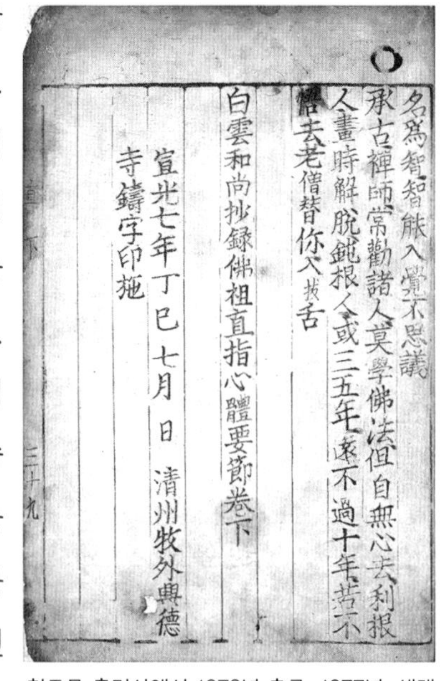
名爲智智能入覺不思議
承古禪師常勸諸人莫學佛法但自無心去利根
人盡時解脫鈍根人或三五年遠不過十年若不
悟去老僧替你入拔舌
白雲和尚抄錄佛祖直指心體要節卷下
宣光七年丁巳七月 日 清州牧外興德
寺鑄字印施

청주목 흥덕사에서 1372년 초록, 1377년, 세계 최초로 금속활자로 출간한 『직지심경』.

희 같은 호랑당말코가 설쳐도 공포스럽게 움추리기만 한다.

한글의 탄생, 훈민정음 해례본의 발견경로

세종이 훈민정음을 반포한 것은 1446년 음9월이다. 그 전에 1443년 음12월(양력으로는 1444년 1월)에 훈민정음 28자를 창제하였는데, 그에 대한 자세한 해설과 용례를 붙여 『훈민정음』 해례본이라는 책을 펴냈다. 보통 반포라는 것은 해례본의 출현을 기준으로 해서 말하는 것이다. 그런데 이 『해례본解例本』은 기록에만 존재할 뿐 한 권도 전해지지 않았다. 그런데 이 『해례본』은 안동시 와룡면 가야리 광산김씨 긍구당肯構堂 종택의 서고에서 500년 동안 소리없이 숨쉬고 있었던 것이다.

이 사실을 최초로 발견한 것은(1940년) 국문학자 김태준金台俊(1905~1949)의 제자였던 서주西州 이용준李容準(1916년생~?)이었다. 이용준은 처가인 긍구당에 내려갔다가 우연이 이 사실을 발견하고 충격을 받아 곧바로 자기의 선생 김태준에게 알렸다. 김태준은 당시 경학원(성균관대학교의 전신)과 경성제국대학에서 조선문학을 강의하고 있었는데, 깜짝 놀라 그 길로 제자 이용준과 함께 안동으로 내려가 그 사실을 확인한다. 김태준은 『조선소설사』, 『조선한문학사』를 집필할 정도로 어문학에 정통한 학자였고 해방 후 서울대학교 초대총장으로 선출된 덕망 높은 인물이었으나 그의 콤뮤니스트 경력 때문에 미군정청은 그의 임명을 허락하질 않았다. 그 뒤로 그는 가족을 잃는 아픔을 겪으면서도 맹렬한 사회주의운동을 계속하여 결국 1949년 11월 서울 수색 부근에서 총살형당한 치열한 양심적 인간이었다.

김태준이 떠올린 것은 양심과 양식을 갖춘 당대의 거부이며 수집가인 간송 전형필全鎣弼이었다. 간송은 김태준보다 한 살이 아래다. 동년배의 친구들이다. 김태준은 전형필을 만나 『해례본』 이야기를 했다. 전형필은 안동으로 내려가 보지도 않고, 잠깐 기다리라 하고 은행으로 달려가 1만 1천 원을 찾아왔다. 그 자리에서 1천 원을 김태준과 이용준에게 사례금으로 지불하고 1만 원은 『해례본』값으로 치렀다. 전형필은 김태준과 이용준의 인품을 믿고 즉결처리를 한 것이다. 1만 원은 당시의 물가로 기와집 열 채 값이었고, 현대의 물가로 환산하면 무려 30억 원에 해당되는 금액이다. 용인대 이학 이사장이 13억에 『수월관음도』를 매입하여 외국에 반출된 고려문화재를 고국으로 반입한 사건도 대단한 용단에 속하는 일이지만, 이미 1940년 일제강점기에 『훈민정음해례본』을 30억 원에 매입하여 6·25동란의 재앙을 피해간 그의 애국충정의 심사는 도무지 언어로써 형언하기 힘들다.

간송은 "횡재만나기" 식의 골동수집을 한 적이 없다. 값어치 있는 물건을 골라, 자기의 높은 견식에 따라 먼저 "제값"을 치러 샀다고 한다. "제값"을 쳐주기에 천하의 명품이 그에게로 다 몰

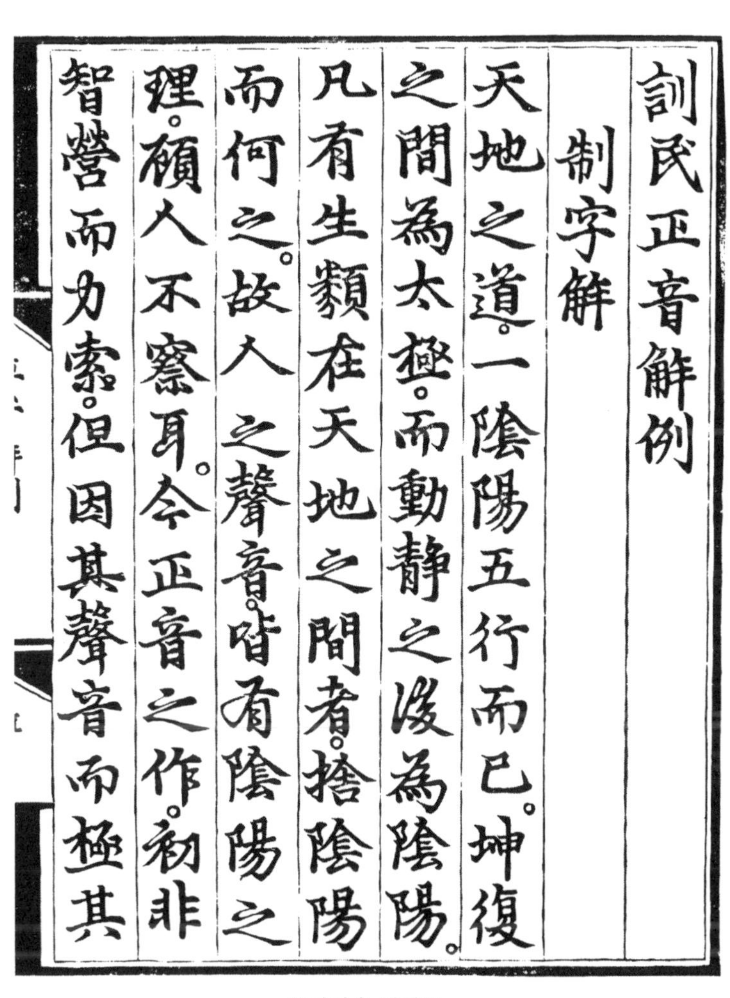

訓民正音解例

制字解

天地之道。一陰陽五行而已。坤復之間爲太極。而動靜之後爲陰陽。凡有生類在天地之間者。捨陰陽而何之。故人之聲音。皆有陰陽之理。顧人不察耳。今正音之作。初非智營而力索。但因其聲音而極其

훈민정음 해례본

려들었고 뒷탈이 없었다. 곽외郭隗의 천리마 뼉다귀보다도 더 리얼한 얘기라 아니할 수 없다.

간송은 『해례본』을 구입한 후, 일체 그 사실을 숨기고 발표하지 않았다. 일제강점기에, 조선의 문화, 언어마저 말살하려고 광분해 있는 총독부의 만행을 생각하면 『해례본』 발견발표와 동시에 소용돌이가 칠 것이 뻔했기 때문이었다. 바로 이런 총독부의 만행을 저지르고 싶어 하는 무리가 윤석열·김건희 도당이다. 어찌하여 대통령이 되자마자 친일의 마각과 행각을 드러내고, 친일밀정으로 주변의 모든 포스트를 장악케 한단 말인가?

간송 전형필은 한국 전쟁이 발발했을 때도 피난 가면서도 이 책부터 챙겼고, 당신의 베개 밑에 이 해례본을 감추고 주무셨다고 한다. 『해례본』이 오늘날까지 보전될 수 있었던 것은 온전히 간송 선생 덕분이다. 우리민족은 이와 같이 끈질기게 민족혼의 맥을 지켰다. 하느님이 보우하신 강토요 민족이요 혼백이다.

1956년, 이 간송소장본은 사진촬영 영인본으로 제작되었다. 간송은 영인본 제작을 위해 당신의 소장본을 흔쾌히 내놓았고, 선장線裝을 해체하여 한장 한장 펼치는 작업까지 당신이 손수 하셨다고 한다. 선생은 그로부터 6년 후에 영면하시었다.

간송 선생님은 나에게는 너무도 소중한 분이다. 나의 아버지 치수致洙와 휘문고보 동창생으로 이마동李馬銅 화백(홍익대 미술대학장 역임, 1906~1981)과 더불어 휘문삼총사라 불릴 정도로 가깝게 지내셨다. 1959년 내가 보성중학교에 입학할 때부터 간간이 뵈었다. 지금 간송미술관의 관장을 하고 있는 선생님의 친손자 전인건全寅建 선생을 보면, 간송 선생님의 인자한 모습이 떠오른다. 간송 선생은 우리민족 성인聖人의 반열에 올라야 할 지사였다. 어렸을 때 그런 분의 기氣를 직접 쐬었다는 것을 생각하면 이 민족혼에 대한 사명감 같은 것이 불끈 주먹을 쥐게 한다.

친손자인 간송미술관 전인건 관장과 함께. 이 사무실은 생전에 간송선생님께서 쓰시던 그 모습대로 복원된 것이다. 고풍스럽고 정갈하다.

세종대왕의 서문

한자는 매우 복합적인 복잡구조를 지니고 있는 문자이지만 그 기본이 "뜻글"(表意文字)이다. 소리나는 대로 적을 수 있는 "소리글"(表音文字)이 아니다. 그리고 중국어는 고립어래서 어순으로 그 뜻의 구조를 나타낸다. 우리말은 단어에 조사(-가, -이, -을, -를, -에)가 붙어 격이나 장소를 나타낸다. 우리말은 교착어(agglutinative language)라고 말한다. 세종이 『훈민정음』 서문에서,

> "나·랏·말ᄊᆞ미 듕귁에 달·아·"
> 國之語音, 異乎中國
> 국 지 어 음　이 호 중 국

라고 말한 것은 바로 이 두 나라의 어음이 근본적으로(structurally) 다르다는 것을 말한 것이다. 구조적으로 다른 이 두 나라의 어음을 같은 문자로 표현한다는 것 자체가 넌센스임을 말한 것이다. 한자가 나타내는 표의계통은 머릿속에서 우리말의 음체계로 바꾸는 과정자체가 매우 어렵고 부정확한 것임을 말하고 있는 것이다. 그래서 왈,

> "문쭝와·로 서르 ᄉᆞᄆᆞᆺ디 아·니ᄒᆞᆯᄊᆡ 이런 젼ᄎᆞ로
> 어린 ᄇᆡᆨ셩이 니르고져 홇배이셔도 ᄆᆞᄎᆞᆷ내
> 제ᄠᅳ들 시러 펴디 몯홇 노미 하·니라·"

與文字不相流通。故愚民有所欲言，而
여 문 자 불 상 류 통　고 우 민 유 소 욕 언　이

終不得伸其情者，多矣。
종 부 득 신 기 정 자　다 의

의사소통이 되어야 할 문자를 공유해도 서로 소통이 이루어지지 않는다. 그러므로 어린 백성들이 말하고자 하는 바가 있어도, 종내 그 정감을 표현하지 못하는 상황이 많은 것이다.

그래서 세종은 백성들의 이러한 답답한 심정을 헤아려 본인 스스로 가엽게 여기어 새롭게 소리글자 28자를 만들었다고 했다(여위차민연予爲此憫然, 신제이십팔자新制二十八字). 여기 "신제新制"의 "신新"이라는 말이 중요하다. 여태까지 인류사회에 없었던 새로운 문자시스템이라는 뜻이다. 그리고 최종적으로 이 새로운 문자를 만들게 된 최종적 목표를 간단히 천명한다.

"사·ᄅᆞᆷ마·다· ᄒᆡᅇᅧ 수ᄫᅵ 니겨 날·로 ᄡᅮ메 뼌한킈 ᄒᆞ고져 ᄒᆞᇙ ᄯᆞᄅᆞ미니라·"

欲使人人易習，便於日用耳。
욕 사 인 인 이 습　편 어 일 용 이

보통 사람들로 하여금 이 새로운 문자를 쉽게 배우고 일용지간에(백성들의 일상적 삶의 과정) 편리하게 하려 함이라.

여기 그가 천명한 최종목표는 그 첫째가 "이습易習"이요, 그 둘째가 "편어일용便於日用"이다. 너무도 명쾌하다. 어찌하여 이습(쉽게 배운다)인가? 얼마나 빨리 배울 수 있는가?

정인지 서문의 내용

『해례본』 끝에 있는 정인지 서문에는 이와같이 말한다.

故智者不終朝而會, 愚者可浹旬而學。
고 지 자 부 종 조 이 회 우 자 가 협 순 이 학

지혜로운 자라면 한나절에 깨우칠 수 있고, 좀 아둔한 자라도 열흘이면 배울 수 있다.

그리고 또 말한다.

以是解書, 可以知其義, 以是聽訟, 可以得其情。
이 시 해 서 가 이 지 기 의 이 시 청 송 가 이 득 기 정

이 새로운 문자를 활용하면 한문으로 된 책도 분해하여 그 뜻을 알 수가 있고, 이것으로 송사를 다루면 그 사정을 잘 알 수가 있다.

여기서 얘기되고 있는 것의 핵심은 먼저 이습易習의 이유를 밝히고 있는 것이다.

以二十八字而轉換無窮, 簡而要, 精而通。
이 이 십 팔 자 이 전 환 무 궁 간 이 요 정 이 통

이 28글자를 활용하면 그 전환이 무궁하여 간단하면서도 요점을 잘 드러내며, 정밀한 뜻을 담으면서도 두루두루 통한다는 것이다.

『세종실록』 권102에서도 이와 같은 표현을 볼 수 있다.

字雖簡要, 轉換無窮, 是謂訓民正音。
자 수 간 요 전 환 무 궁 시 위 훈 민 정 음

글자는 비록 간요하지만 그 전환이 무궁하다. 이것을 일컬어 훈민정음이라 하는 것이다.

훈민정음의 특징을 간요簡要(simplicity)로 규정함과 동시에 그 간요한 엘레멘트들이 다양하게 결합하여 무궁한 소리를 기록할 수 있다는 것이다. 여기서 말하는 "전환무궁轉換無窮"이야말로, 한자와 같은 고정적인(고립적인) 뜻글에서는 찾아볼 수 없는 특징이며, 이전의 어떤 나라의 소리글에서도 찾아볼 수 없는 유니크한 특징이다. "전환무궁"의 예로서 해례는 이와 같은 말까지 서슴치 않고 말한다:

雖風聲鶴唳, 雞鳴狗吠, 皆可得而書矣。
수 풍 성 학 려 계 명 구 폐 개 가 득 이 서 의

바람소리, 학의 노래소리, 닭 우는 소리, 개 짖는 소리도 모두 글자로 적을 수 있다.

「정인지 서문」

훈민정음은 단지 인간의 언어만을 표현하는 것이 아니라 우주의 소리를 다 표현할 수 있다고 생각했다.

세계의 알파벳언어는 과연 단일기원일까?

본시 언어학에서는 지구상의 모든 알파벳문자가 단일한 기원을 가지고 있다는 알파벳문자 단일기원설이 유행하였다. 그 최초의 모체를 페니키아문자에 두었다. 한글도 산스크리트를 거쳐 원나라 때 몽골인들이 만든 파스파문자(Phasgs-pa Script: 원세조가 반포. 1)몽골 위구르자字가 몽골어를 표기하는 데 적합치 않다. 2)중국 한자음을 전사하는데 새로운 문자가 필요하다. 3)몽골제국의 모든 언어를 기록할 수 있는 새로운 문자가 필요하다는 이유로 반포하였다. 정광 지음, 『훈민정음과 파스파문자』 pp.150~151)의 영향에 의하여 한글이 탄생하였다는 연구도 있으나, 『훈민정음 해례본』을 깊게 읽어보면 훈민정음은 세종 한 인간의 치열한 언어학적 집념과 광대하고도 구원한 역사의식, 그리고 탁월한 집현전 학자들의 재능이 집결된 매우 오리지날한 성과라고 보아야 할 것이다.

세종이 산 시대는 구태여 "근대"라는 말은 쓸 필요가 없겠지만, 독자적인 민족의 아이덴티티를 추구하던 세계사적 기운이 지배하던 시기였다.

단테가 『신곡』(*Divina Commedia*)을 이태리어로 쓰고(1308년에 쓰기 시작, 1321년에 완성), 데카르트가 『방법서설』(*Discours de la Méthode pour bien conduire sa raison, et chercher la vérité dans les sciences*. 1637)을 불어로 쓴 것을 근대정신의 표현으로 찬양한다. 라틴어라는 신성한 문자를 버리고 세속적인 민족언어를 택한 것을 찬양하는 것이다. 라틴어로부터의 해방이 근대의 한 과제였다면 한문과 한글 사이에도 똑같이 텐션이 존재한다.

한문에서 한글로 해방된다는 것은 중화질서의 근원적인 몰락, 중화질서로부터 모든 가치체계가 해방되는 것을 의미한다. 이것은 곧 중화질서에 뿌리를 박고 성장해온 문화 그 자체를 거부하는 문화혁명의 의미까지 지니게 된다.

『해례본』에 세종은 계속해서 "정情"이라는 말을 쓰고 있다. 이 "정情"은 감정이라는 뜻뿐만 아니라 실제적인 정황(real situation)을 의미한다. "부득신기정不得伸其情"이라는 것은 백성들의 실제정황, 그 정황에 얽힌 진짜 감정이 펼쳐질 수가 없다는 것이다. 이것이 가장 단적으로 드러나는 사태가 "청송聽訟"이라는 것이다. 모든 옥사가 정확한 "죄"의 정황의 파악 위에서 이루어져야 할 텐데, 백성들은 한문의 의사소통체계에 참여할 수 없으므로, 자기가 무슨 죄를 저질렀는지도 모르고, 그에 대한 항변의 기회도 없이 형벌을 받고 목숨을 잃고 가정이 파탄되는 지경에 이르게 된다는 것이다.

이것으로(한글로써) 송사를 다루면 그 정情을 얻을 수 있다.

以是聽訟, 可以得其情。
이 시 청 송 가 이 득 기 정

"득기정"이란 "그 리얼한 정황, 사정, 감정을 다 파악할 수 있게 된다"는 뜻이다.

세종의 역사반성과 혁명적 발상

세종의 이러한 혁명적인 발상의 근저에는, 조선왕조의 건국과 고려제국과의 관계에 대한 통렬한 반성이 있다고 나는 생각한다. 세종이 새 유생들이 편찬한 『고려사』 텍스트에 대하여 불인지심不忍之心을 가지고 있었다는 사실도, 아무리 고려가 조선왕조의 쿠데타로 멸망할 수밖에 없는 타락과 부패가 있었다 할지라도 과연 새로 건국한 조선이 고려라는 눈부신 대제국을 멸망시킬 수 있는, 그를 뛰어넘을 수 있는 문화와 비전을 지니고 있는가 하는 물음에 대한 회의를 지니고 있었다는 것을 의미한다. 세종의 훈민정음은 오묘한 반성의 념에서 나왔다는 그 "정情"을 반영한다. 과연 새로운 국가이념인 유교는 불교보다 더 나은 것이냐? 피치자들은 새로운 왕조를 맞이하여 더 해피한 세상을 맞이하고 있는가? 조선왕조의 학제는 고려왕조의 학제보다 더 나은 것이냐? 백성들의 교양은 증진되고 있는 것인가? 새로운 문화가 생겨나고 있는 것이냐?

이방원은 철저히 새 왕조의 혁명을 완수하기 위하여 미래를 준비한 사람이다. 태종 이방원의 모든 치세는 세종이라는 임금이 새로운 국가이념을 정립하기에 필요한 바탕의 형성, 그 모든 쓰레기를 치우는 작업을 온갖 불명예를 뒤집어쓰면서도, 모든 몰인정의 비방을 무릅쓰고 감행한 사나이였다. 세종은 아버지 이방원의 치세를 물려받아 안정적인 보위에 앉기는 했지만 구체적인 문화혁명의 실마리를 잡아 펼치는 것은 결코 쉬운 일이 아니었다.

『삼강행실도』의 탄생

세종 16년(1434년), 세종이 훈민정음을 반포하기 십여 년 전에 『삼강행실도』라는, 유례를 보기 힘들었던 대규모의 만화서적이 국가의 사업으로 간행되기에 이른다. "삼강"이란 "삼강오륜三綱五倫"의 삼강이므로 군신, 부자, 부부관계의 대경大經을 말하는 것이다. 군위신강君爲臣綱, 부위자강父爲子綱, 부위부강夫爲婦綱의 삼강을 말하는데, 임금은 신하의, 아버지는 자식의, 남편은 아내의 본보기가 되어야 한다는 뜻이다. 이것은 삼강의 주제를 다루는 330개의 효자 · 충신 · 열녀 스토리를 판화로 그린 것인데, 그 후면에는 한문으로 된 스토리(한글창제 이전)가 적혀있고, 스토리에 대한 시詩와 찬贊이 붙어있다. 유교의 이념을 국민에게 고취시키기 위한 매우 훌륭한 방편이라 하겠는데 이 만화집은 조선왕조 출판의 역사에 있어서 가장 오래 지속된 베스트셀러가 되었다(3권 3책).

김화시부 사건

세종 10년(1428) 9월 27일, 진주에 사는 김화金禾라는 사람이 그 아비를 살해했다는 사건이 형조에 의하여 임금께 계啓되었다. 이 소식을 들은 세종은 세태를 한탄했다.

> **婦之殺夫, 奴之殺主, 容或有之。今乃有殺父者,**
> 부 지 살 부 노 지 살 주 용 혹 유 지 금 내 유 살 부 자
> **此必予否德所致也。**
> 차 필 여 부 덕 소 치 야

> **부인이 남편을 죽이고, 종이 주인을 죽이고 하는 일은 혹 있을 수도 있는 일이다. 그런데 지금 아버지를 죽이는 자까지 있다 하니, 이것은 반드시 내 덕이 비색하여 이루어진 일일 것이다.**

세종은 이 사건(金禾弑父)을 놓고 조정의 대신들과 논의한 결과, 대신들은 엄벌주의를 주장했으나 세종은 윤리도덕을 어긴 죄는

엄벌로 다스려 봐야 효과가 없다고 생각했다. 네가티브한 엄형이 능사가 아니고, 포지티브한 효풍을 권유하는 서적을 만들어 백성들이 늘 가까이하도록 하자는 것이었다. 그래서 정교한 판화그림을 새기고 한문으로 배경고사를 써넣었는데 그것은 마치 지금으로 치자면 330개의 테레비 연속극이 펼쳐지는 효과를 자아냈다. 누구나 판화그림만 보아도 배경 스토리는 짐작할 수 있다. 그러나 유식한 사람이 그 한문을 읽고 이해한 바를 재미있는 이야기로 꾸며 그림과 더불어 내러티브를 가하면 한층 더 무궁한 이야기들이 펼쳐지게 된다. 동네사람들이 항상 『삼강행실도』 중심으로 모여들게 되는 것이다. 달만 쳐다봐도 할머니의 구수한 옛날얘기가 흘러나왔는데 『삼강행실도』의 이야기는 판타스틱한, 그리고 삶에 유익한 일상의 드라마였다. 『삼강행실도』는 『효경』이라는 철학서의 가치관이 조선화 되는 계기를 낳았다. 『삼강행실도』는 『효경』의 한국판이었다.

1) 고려조만 해도 가족윤리가 매우 자유로운 사회였으며 효사상이 그렇게 엄하지는 않았다.
2) 세종조에 반포된 『삼강행실도』는 어떠한 고차원의 성리학 책보다도 민중의 풍속을 변화시키는 데 효율적이었다.
3) 판화의 효과, 즉 직접적인 시각효과가 대단히 우수했다.
4) 『삼강행실도』는 대중교육의 "풍화風化"적 역할을 충실히 수행했다.

세계 어느 나라보다도 조선은 "효의 나라"가 된 것이다. 세종은 이 『삼강행실도』의 효과를 보면서도 더욱 한글창제의 념을 굳혔을 것이다. 다이렉트한 시각의 효과나 말대로 적는 소리글의 효과는 상통하는 측면이 있었다. 백성이 자기가 하는 말을 그대로 글자로 옮겨 그 뜻을 타인에게 전할 수 있다는 사실처럼 거대한 정신혁명은 없다고 세종은 확신했다. 고려왕조를 뛰어넘을 수 있는 조선왕조의 새로운 아이덴티티는 바로 "훈민정음"이었다. 이것은 지배계급의 정상에 있는 왕이 어린(=어리석은) 백성에게 양보하는 위대한 선물이기도 했지만, 실은 역으로 민중이 새로운 왕조의 왕에게서 받아내는 당연한 권리이기도 했고, 또 고려의 제국문명의 높은 문화수준의 축적이 민중의 의식을 제고시켰기 때문에 이러한 선물을 주지 않고서는 나라를 바르게 다스릴 수 없다는 중민重民사상적 각성이기도 했다. 더이상 사병의 각축이 난무하는 무신정치의 혼란을 민중이 받아들일 수 없었다.

조선개국의 역성혁명은 고려황제국의 실력을 비하시키고 오히려 사대주의를 국시로 삼는 오류를 범했고, 국운은 문치의 나약에 빠져 들어갔지만, 관료주의의 합리성이 보편적인 질서로서 자리잡아 갔고, 왕권을 제약시키는 신권의 도덕성이 나름대로 형이상학적인 도道의 질서를 구축해 갔다. 한글 하나만으로도 조선왕조의 개창은 합리화의 근거를 마련할 수 있다는 명제에 그 누구도 토를 달기 어렵다. 한글이 없었다면 과연 오늘 우리의 주체적인 모습을 연상할 수 있을까?

한국민족의 주체성의 뿌리

조선왕조에 조선의 문자가 없었다면 조선을 멸망시킨 일제가 우리민족에게 문자를 선사했을까? 문자가 없는 민족이 해방 후에 부리나케 영어알파벳을 빌려서 표음문자를 만들었다 한들 과연 우리민족 고유의 발음체계와 다른 외래의 표음체계가 창조적인 문화의 원천이 될 수 있을까? 지구상에 코리아라는 나라가 있기나 할 것인가? 티베트나 위구르와 유사한 환경에 놓여있지 않겠는가? 판소리가 있을까? 한글소설이 있을까? 가야금산조가 있기나 할 것인가? 육자배기나 타령의 구수한 성음이 조선의 토담을 스쳐 지나가고 있을까? 지금 이 나라의 왕이라고 자임하는 윤석열이라는 작자는 자기 개인의 욕망 때문에 나라 전체 민중의 삶을 희생시켜서라도 권좌를 유지하겠다고 발악하고 있다. 헌법을 무시하는 패악질을 일삼고 있다. 자신에게 복종하지 않는 사람은 모두 반국가세력으로 휘몰고 있다. 조선왕들의 발꼬락에 낀 때 한 점의 가치라도 있는 작자인가! 세종대왕이시여! 저 가여운 인간을 어찌 처리하면 좋겠습니까?

한글창제 반대세력의 소리: 태극기부대 패러다임

세종대왕의 집현전 학사들은 대왕의 충정을 깊게 헤아려 한글창제를 위하여 열심히 공부하고 창의적 발상을 아끼지 않은 자들도 많았지만 훈민정음의 반포는 역사를 거스르는 망조의 악행이라고 규탄하여 반대상소를 올리는 자들이 적지 않았다. 그들의 태도는 단순한 반대를 위한 반대라기보다는 오늘 우리나라의 태극기부대로 대변되는 극우보수세력의 의중을 대변하는 담론 구조이기 때문에 한번 짚어볼 필요가 있다. 당시 집현전 학사가 20명이었는데, 중견 간부급 4명을 포함하여 7명의 학사가 상소문에 참여하였다(최만리, 신석조, 김문, 정창손, 하위지, 송처겸, 조근). 이 상소문은 해례본의 뒤에 있는 정인지의 서문의 내용을 의식하여 작성한 듯하다(공식적으로 발표된 시간순으로는 상소문은 정인지 서문보다 앞선다).

1) 한자의 구성원리에 어긋나는 표음문자인 언문을 창제하는 것은 중국에 대한 지성사대至誠事大의 정신에 어긋난다. 소리를 대변하는 형상들을 합하여 글자를 만드는 것이 모두 옛것에 반하는 것이며 근거가 없다. 이것이 만일 중국에라도 흘러 들어가서 혹시 비난을 받게 된다면 사대모화의 도리에 부끄러움이 있지 않겠는가?

2) 중국 전토 안에 풍토가 다르기는 해도, 말이 다르다고 해서 따로 문자를 만든 사례가 없다. 오직 몽골, 서하, 여진, 일본, 서번(西蕃)의 종자들만이 따로 문자를 만들었으나 이는 오랑캐의 짓이라 가히 언급할 가치도 없다. 그런데 기자의 유풍을 간직한 조선이 따로 문자를 만듦으로써 오랑캐가 되려고 한다. 중하中夏로써 오랑캐를 변하게 한다 하는 것은 들어

보았으나 중하가 오랑캐로 변한다는 것은 들어본 적이 없다. 언문을 짓는다는 것은 중국을 버리고 스스로 이적이 되는 것을 선택하는 짓이니, 이는 소합향을 버리고 당랑환螗螂丸을 취하는 것이라, 어찌 우리 문명의 큰 흠절欠節이 아니오리까?

3) 우리말을 한자를 빌어 발음대로 적는 것은 예로부터 설총이 고안한 이두라는 것이 있다. 이두는 어디까지나 한자로 쓰는 것이고 그것을 쓰다 보면 한문을 익히는 계기가 되기도 한다. 이두는 행한 지가 수천 년이나 되어도 아무런 지장이 없는데, 어찌 옛부터 쓰여 오는 폐단 없는 글을 고쳐 따로 천하고 상스러운 글자를 만드는가?

만약 언문을 행하게 되면, 관리된 자가 오로지 언문만을 익히고 학문은 돌보지 않아, 문자와 관리는 관계 없는 것이 되고 말 것이다. 27자(당시의 『훈민정음』이 28자라는 것도 정확히 모르고 27자라 하였다)의 언문만으로 족히 세상에 입신立身할 수 있다면 무엇 때문에 고심노사苦心勞思하여 성리性理의 학문을 궁구하겠는가?

이렇게 되면 수십 년 후에는 한문을 아는 자가 적어져서 언문으로써 관리의 사무를 다루어낸다 하더라도, 성현의 뜻을 알지 못하니 담벼락을 마주하는 것처럼 사리의 옳고 그름을 알지 못할 것이니 언문에 능숙하다 한들 장차 무엇에 쓸 것이오니이까?

4) 옥사獄辭를 언문으로 적어 공개하면 억울함을 입을 사람이 없어지고 형정刑政이 바로잡힐 것이라 하지만, 중국도 말과 글이 같음에도 불구하고 옥송獄訟 사이에 원왕冤枉이 심하다. 형옥刑獄의 공평하고 공평하지 못함은 옥리獄吏 그 인간의 사람됨의 문제이지, 말과 글의 같고 같지않음에 있지 않다. 언문으로써 옥사를 공평하게 한다는 것은 근본적으로 실현될 수 없다.

5) 언문창제와 같은 중대한 일을 여론도 들어보지 않고 졸속으로 결정한 것은 잘못된 일이다. 제왕에게 물어서 어그러지지 않고, 중국에 상고하여 부끄러움이 없으며, 백세百世(3천 년)라도 성인聖人을 기다려 의혹됨이 없는 뒤에라야 가히 행할 수 있는 것이다. 옛사람이 만들어놓은 훌륭한 운서韻書에다가 새로운 한자음을 언문으로 주음注音하여 공포하려는 것은 잘못이다.

6) 선유가 이르기를, "여러가지 완호玩好는 지기志氣를 빼앗는다. 서찰을 가까이하는 것은 유자로서는 비근하고 좋은 일이지만, 무엇 하나에 외곬으로 집념하는 것은 스스로 지기를 빼앗기고 만다"(凡百玩好, 皆奪志, 至於書札, 於儒者事最近, 然一向好着, 亦自喪志). 동궁이 비록 덕성이 성취되었다 할지라도 아직은 성학聖學 전반에 잠심潛心하시어 더욱 그 이르지 못한 것을 궁구해야 할 것입니다. 동궁(문종)이 무익한 언문 연구에 정열을 쏟고 있는 것은 옳지 못하오이다.

이것은 『세종실록』 제103권, 세종 26년(1444) 음2월 20일조에 실린, 집현전 부제학 최만리 등이 상소한 6항목의 내용을 간략히 기술한 것이다. 이 상소만 보아도 한글창제로 인한 논란이 창제하는 사람들에게 얼마나 뼈아픈 고통을 주었는지("한글"이라는 말은 주시경과 국어연구학회 회원들에 의해 1913년 4월경에 만들어진 말이다. 일제의 탄압을 피하기 위하여 "훈민정음"이라는 이름을 바꾼 것인데 그 말 자체의 정확한 시작은 모른다. "가장 큰 글," "최고의 글"이라는 뜻이다), 그리고 얼마나 어마무시한 압력을 세종 홀로 감당하며 역사를 추동해나갔는지, 그리고 한글창제라는 이 사업이 얼마나 거대한 문명의 패러다임의 전환(paradigm shift)의 의미를 함장하고 있는지에 관한 심오한 인식을 우리에게 던져준다.

문명의 전환

모든 사람이 계급이나 교양여하를 불문하고 갑자기 일주일 동안에 배운 문자로 자기의 말을 적어 의사를 소통한다는 것, 그 표음의 단순한 매카니즘이 천년만년 축적해온 모든 교양과 문화의 덕성을 일순간에 흩날려 버릴 수도 있다는 것, 인간이 고전의 의미체계(뜻)를 빌리지 않고 다이렉트로 소통할 수 있다는 것, 이것은 문명의 붕괴요, 인간의 붕괴요, 역사의 붕괴였다. 최만리 주변의 사람들에게 이것 이상의 공포는 있을 수는 없었다. 최만리는 결코 나쁜 사람이 아니다. 부정과 타협을 모르는 깨끗한 관원이었고 자기신념에 따른 진퇴가 확실한 인물이었다. 상소를 올린

다음 해에 세상을 떴다.

요즈음의 왜라이트나 친일친미성향의 극우행동파들과는 비교할 수 없는 인물이다. 북한을 적대적으로 설정해놓고 일본과 미국과의 군사적 제휴가 없이는 한국이 설 땅이 없다는 논리, 일본과의 적대적 감정을 누그러뜨리고 양보하여 더 큰 화해 · 화합을 이룩해야 한다는 그럴듯한 논리를 바탕으로 한국의 외교관계를 친일파 일색으로 장식하는 김태효金泰孝 국가안보실 제1차장의 행태는 여기 최만리의 망언에조차 비교할 수 없다. 김태효의 근원적인 오류는 동북아 국제질서를 대한민국을 주체 · 중심축으로 놓고 생각하는 것이 아니라, 일본중심으로 놓고 한국을 종속적 위치에 놓는다는 것이다. 굴종 속에서 얻어낼 수 있는 프린지 베니피트fringe benefit를 노리려 하는 것이다.

그러나 현재 대한민국은 문명의 모든 창진創進에 있어서 일본을 앞서가고 있으며, 군사력이나 경제력, 문화창조력을 주체적으로 함양해야 할 위기적 전환시대를 맞이하고 있다. 이럴 때일수록 역사를 주체적으로 추동해 나가야 한다. 미국은 과도하게 동북아에서의 일본의 중요성을 평가하고 있지만, 일본은 이제 힘이 없다. 과거 제국주의시대에 비해, 러시아, 중국, 북한, 남한의 파우어가 성장했기 때문이다. 미국은 친러, 친중 정책을 병행하면서 일본의 불의도 견제하여야 한다. 그래야 미국은 동북아의 균형과 평화의 중심축이 될 수 있다. 그리고 동시에 남한과 북한을 화해시킴으로써 세계평화를 구현해야 한다.

토요토미 히데요시의 꿈은 영원하다. 망상이기에 영원하다. 이순신에게 작살난 것이라기 보다는, 왕이 도망갔음에도 불구하고 분투하는 민중의 의병, 그리고 승병의 활약이 일본을 패망시켰다고 세계의 사가들은 쓰고 있다.

히데요시의 망상은 20세기로의 전환시기에 부활했다. 조선을 식민지화 하고 조선민중에게 악랄한 침탈과 도륙을 감행한 일본은 또다시 이 땅에서 무릎을 꿇어야 했다. 물러날 수밖에 없었다. 그런데 그러한 일본이 20세기 초 가장 두려워했던 또하나의 이순신, 홍범도 장군의 동상을 우리 스스로 육사에서 파내어 버리려고 하고 있다. 김태효 같은 인물의, 이명박정부에서 윤석열정부에 걸치는 활약이 이러한 행태와 관련이 있을까, 없을까?

관련이 있음은 너무도 명백하다. 윤석열 정부시절 마음놓고 활개치던 뉴라이트들의 준동만 보아도 알 수 있다. 이러한 분위기에서 일본의 자위대가 조선국방을 빌미로 들어온다면 과연 그들이 노리는 것이 무엇일까? 최소한 미국은 우파라 해도 조선의 영토를 노리지는 않는다. 그들은 좋은 "관계"를 원할 뿐이다. 그러나 일본이 원하는 것은 "관계"가 아니라 "소유"요, "점령"이다. 아마테라스 오오미카미 시절부터 그들이 노린 것은 풍요로운 조선대륙의 "땅"이다. 그들의 땅은 지진으로 항상 불안하다.

화산·해일의 위험은 상존한다. 일본은 칼이다. 그런데 그 칼은 세련된 국화 뒤에 숨겨져 있다.

최만리의 상소(최만리는 물론 이 상소의 주모자이다. 그리고 상소내용은 그의 사상이다. 그러나 집현전 학사 7명이 공동으로 한 것이다) 중에서도 김태효의 논리를 따라가면서 느끼는 것과도 같은 끔찍한 오류의 언사는 바로 제1항의 끝에 있는 말이다.

豈不有愧於事大慕華?
기 불 유 괴 어 사 대 모 화

작은 우리나라로서 큰 나라를 섬겨야 하고 중화의 문명을 흠모해야 한다는 우리 조선의 국시에 부끄러움이 생기는 일이 어찌 있지 아니하리오?

"사대모화事大慕華!" 과연 고려제국이 남송정권보다 작은 나라였을까? 과연 우리 문명의 모든 성과가 중원의 좁은 울타리에서 맴도는 중화문명을 천하라고 착각하고 그것을 흠모해야 하는가? 집현전 학사들의 모화흠모는 김태효그룹의 일본흠모와 다를 바 없다. 소와 대에 대한 무조건적인 규정으로써는 정당한 국제관계를 수립할 수 없다. 조선왕조 초기의 행태는 자체역량을 무시한 무조건적인 굴복이었다.

비록 "사대事大"를 전략적인 그리고 방편적인 소·대로 설정할 수는 있겠으나, 그 사대 때문에 한글의 창제를 좌절시켜야 한다는 논리가 도출되는 것은 끔찍한 역사의 자살, 자멸이다. 김태효는 자기가 원하는 착각적 이상을 위해 이 시대의 무한한 창제의 가능성을 좌절·괴멸시키려 하는 것이다. 왜, 무엇 때문에! 이유는 간단하다. 윤석열·김건희 공동정권의 영원한 존속을 위해! 비바윤거니! 시카고가 운다!

이러한 정황을 폭넓게 살펴볼 때에 한글의 창제는 세종이라는 리더 한 인간의 실존적인 노력이 없이는 이루어질 수 없었던 우리 민족의 꿈이었다고 말할 수 있다.

『해례본』의 「제자해制字解」(글자를 만든 원리를 해설함)에 다음과 같은 매우 신묘한 한 구절이 있다(국어학자들은 별로 건드리지 않는 오묘한 말씀이다).

坤復之間, 爲太極; 곤복지간 위태극

"곤복지간"이라는 것은 문자그대로 풀면 "곤괘䷁와 복괘䷗의 사이"라는 뜻인데 이 말이 「제자해」의 첫말인 "천지지도天地之道는 일음양오행이이一陰陽五行而已"(천지지도는 한결같이 음양오행일 뿐이다)라는 최고의 원리, 다음에 연이어 나오는 말이므로 어떤 우주론적 해석cosmological interpretation을 전제로 하지 않으면 아니 된다. "곤복지간위태극"이라는 말 다음에는 "이동정지

후위음양而動靜之後爲陰陽"(그 태극이 고요할 때는 음이 되고, 움직일 때는 양이 된다. 보다 직설적으로 해석하면 "태극이 정한 연후에 음이 되고, 동한 연후에 양이 된다"가 된다)이라고 한 것을 보면 이 말은 전체적으로 신유학(세종 당시만 해도 신유학은 낯선 것이었다)의 조종이라 말할 수 있는 북송 주렴계周廉溪, 1017~1073의 『태극도설太極圖說』의 대명제를 전제로 한 것이다. 그 첫머리에 다음과 같은 말이 있다:

無極而太極。무극이태극

이 말은 해석이 지극히 곤란하다. 이 구절은 수백 년 동안 많은 사람들의 해석학적 논란의 대상이 되었다. 남송의 주희도 이 구절을 해석하려고 노력한 사람 중의 하나이다. 그런데 매우 충격적인 사실은 세종(or 집현전 학사들)의 이 구절에 관한 해석이 너무도 창의적이고 구체적이고 생의生意적이라는 것이다.

훈민정음과 역易의 세계관

이 구절은 우주의 발생론을 말한 것인데, 태극이라는 실체 이전에 무극이라는 실체가 있었다는 것을 말하는 것이 아니다. 무극이든 태극이든 하나의 개념이나 관념이나 명사로서 독립될 수 없다. 한자는 고립어이며 한 글자가 하나의 의미를 갖는 단음절어(monosyllabic language)이다. 기본적으로 "무극"은 "극이 없다"이며, "태극"은 "극이 무한히 크다"라는 의미이다. 그러면 그 뜻은

"무한히 큰 극은 극이 없다"라는 의미가 된다. 그리고 순서대로 해석하면 "극이 없는 데서 무한히 큰 극이 생겨난다"라는 뜻이 된다.

독자들에게는 구름잡는 얘기일 것이다. 그러나 지성계라는 것은 이런 애매한 말이 있어야 논박이 시작되고 오묘한 사유의 전개가 시작된다. 태극은 『주역』「계사전」에 나오는 말이고, 무극은 『노자 도덕경』에 나오는 말이다. 각기 그 말의 오리지날한 맥락이 있다.

자아~ 훈민정음에 왜 "곤복지간위태극坤復之間爲太極"이라는 말이 있을까? 곤괘와 복괘를 나열한 것을 보면 여러분은 12벽괘辟卦라는 것을 연상해야 한다. 벽괘는 64개의 괘 중에 주축이 되는 12개의 괘(벽괘는 군주괘의 뜻)로서 1년 12달을 상징하고, 음양의 소식消息을 상징한다.

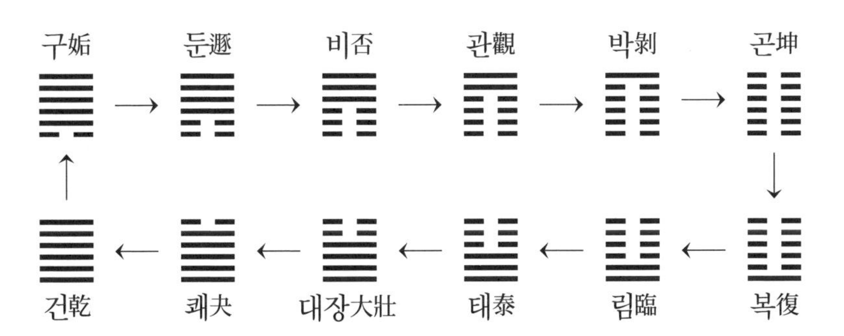

곤坤은 음이 지배하는 세상이다. 여섯 개의 효가 다 음이니 캄캄

하다고 말할 수 있다. 그런데 제일 아래에서 양이 올라오기 시작한다. 빛이 비추기 시작하는 것이다. 양의 회복이라는 의미에서 복復이라는 괘명이 생겨났다. 음의 암흑 속에서 그것을 밀쳐내는 양, 빛의 한 줄기가 생겨났으니 그것은 감동일 수밖에 없다. 그래서 예로부터 복괘는 주석가들의 사랑을 받았다. 나 역시 복괘를 좋아한다.

여러분들이 도상을 살펴보면 복괘로부터 양효가 차례대로 늘어나는 것을 볼 수가 있다. 그리하여 림→태→대장→쾌를 지나 6효가 다 양인 건乾에 이른다. 건은 6효가 다 양이지만 너무 뜨거운 여름 대낮처럼 운치가 없다. 건의 제일 아랫효로부터 음효가 자라나기 시작한다. 구→둔→비→관→박剝䷖, 여기서 제일 위의 양효를 밀쳐내면 곤이 된다. 그리고 곤에서 다시 복復으로 가는 싸이클이 시작한다. 우리가 살고 있는 천지의 운행이 이러하고 우리가 움직이고 있고 삶의 운행이 이러하다. 그런데 훈민정음을 만드신 세종대왕께서는 매우 현묘한 말씀을 하시었다.

곤과 복 사이가 태극이 된다

坤復之間爲太極。
곤 복 지 간 위 태 극

이제 내 말을 쭉 따라온 독자들은 이 말을 어렴풋이 이해할 수 있을 것이다. "곤과 복 사이가 태극이 된다"라는 말은 우주의 본체라고 여겨진 태극을 변화하는 천지 밖에 설정하는 것이 아니라, 끊임없이 변화하는 천지의 싸이클 속에 설정해야 한다는 철학적 관점을 표방하고 있는 것이다. 완벽한 암흑인 곤에서 생명의 온기가 태어나는 최초의 순간이 곧 태극이라는 것이다. 이 태극이 움직이면 양陽이 되고, 이 태극이 고요해지면 곧 음陰이 되는 것이다. 이것은 곧 무엇을 의미하는가? 우주의 가득찬 삼라만상의 기氣가 소리없이 고요하게 있는 순간, 그 최초의 순간이 태극이다. 이 태극이 움직이면 소리가 난다. 이것은 곧 우주론을 음성학적으로 표현한 세종의 탁월한 해석체계이다.

주렴계의 『태극도설』을 보라! 주희朱熹(※ 주자朱子는 주희를 극도로 존칭화해서 부르는 이름이다. 나는 주자라는 말을 좋아하지 않는다. 그래서 주희라고 그의 본명을 부른다)는 태극을 리理라고 하여 변화하는 구체적인 물상의 세계인 기氣에 대하여 본체적인 개념으로 설정한다. 태극을 리理라고 설정하면 리는 원칙적으로 무작위無作爲이므로 동정의 세계에 속하지 아니한다. 추상적인 원리가 되는 것이다. 그러면 변화하는 목구멍의 기氣의 동정에 참여할 수 없다. 이러한 오류를 막기 위하여, 즉 주희의 초월주의를 비판하기 위하여 태극을 곤과 복 사이에 설정한 것이다. 복은 양의 시작이다. 그것은 생명의 시작이며 운동의 시작이며 소리의 시작이다. 희대의 천재 위나라의 왕필王弼, 227~249도 복괘에다가 자세한 명주석을 달았다. 그런데 복괘의 단전彖傳에는 이런 말이 있다.

復其見天地之心乎!
복 기 견 천 지 지 심 호

복復에서 천지의 마음을 본다!

나는 이 말을 심히 좋아한다. 나는 젊은이들이 국회 여의도 광장으로, 광화문의 광장으로, 남태령으로, 한남동 큰 거리로 뛰쳐나오는 그 최초의 계기 그 "다시"(復) 타오르는 민주의 열화를 바라보면서 천지의 마음을 읽는다. 세종은 인간의 목구멍의 검은(음) 공간에서 소리가 생겨나는 그 최초의 순간에 태극을 보았고 천지의 마음을 보았다. 그 태극의 변화에서 아·설·순·치·후의 닿소리체계를 보았다. 이것은 주자의 리기론理氣論을 초월하는 명언이요 신설新說이다. 『태극도설』은 말한다.

太極動而生陽, 動極而靜。靜而生陰, 靜極
태 극 동 이 생 양　동 극 이 정　정 이 생 음　정 극
復動。一動一靜, 互爲其根。
부 동　일 동 일 정　호 위 기 근

태극 그 자체가 움직여서 양을 생성하는 것이다. 그 태극의 동動이 극에 달하면 다시 정靜(고요함)에 이르게 된다. 이 정(고요함)이 음을 생성하는 것이다. 그런데 정이 극에 달하면 다시 또 동動하기 시작한다. 한번 동하고 한번 정하니 서로가 서로의 근원이 된다.

소리 역시 서로가 서로의 근원이 되는 것이다. 태극이 동정의 변화 밖에 있을 수 없다. 세종의 태극해석이 주희보다 염계의 본의에 더 적합한 것이다. 그리고 또 세종은 말한다.

> 凡有生類在天地之間者, 捨陰陽而何之? 故
> 범 유 생 류 재 천 지 지 간 자 사 음 양 이 하 지 고
> 人之聲音, 皆有陰陽之理, 顧人不察耳。今正音
> 인 지 성 음 개 유 음 양 지 리 고 인 불 찰 이 금 정 음
> 之作, 初非智營而力索, 但因其聲音而極其理
> 지 작 초 비 지 영 이 력 색 단 인 기 성 음 이 극 기 리
> 而已。
> 이 이
>
> **무릇 하늘과 땅 사이에 살아있는 모든 존재자들이 음양의 순환을 버린다면 과연 어떻게 될 것인가? 그러므로 사람이 내는 소리에도 음양의 이치가 내재해 있는데, 사람들이 그것을 깨닫지 못할 뿐이다. 지금 훈민정음을 만든 것은 처음부터 지혜를 짜내어 억지로 구한 것이 아니다. 다만 그 소리의 원리에 따라 그 이치를 다했을 뿐이다.** 『해례본』「제자해制字解」

"훈민정음"은 어디까지나 "정음"이다. "바른 소리"다. 바른 소리라는 것은 인위적인 조작이나 구성이 아니라는 뜻이다. 내재하고 있는 이치에 따라 자연스럽게 만들어진, 어거지가 없는 문자라는 뜻이다. 또 말한다:

理既不二，則何得不與天地鬼神同其用也!
리 기 불 이　즉 하 득 불 여 천 지 귀 신 동 기 용 야

正音二十八字，各象其形而制之。
정 음 이 십 팔 자　각 상 기 형 이 제 지

원리라는 것은 본래 다른 두 개의 차원이 있는 것이 아니므로, 어찌 천지귀신과 더불어 그 기능을 같이 하지 않을 수가 있겠는가! 훈민정음의 28글자는 각기 그 형태(발음기관, 발음작용, 천지인 삼재의 도道)를 본떠 만든 심볼의 체계이다. 『해례본』「제자해」

그리고는 초성 17자, 중성 11자의 해설이 있고, 종성에 관해서는 초성을 다시 쓴다고 간결히 설명하고 있다. 해례부분은 1) 제자해制字解 2) 초성해 3) 중성해 4) 종성해 5) 합자해合字解 6) 용자례用字例, 그리고 7) 정인지의 서문으로 끝난다.

초성 · 중성 · 종성이라는 것은 훈민정음의 매우 독창적인 발상이다. 중국은 그토록 기나긴 운서의 전통을 지니고 있으면서도 발음체계를 성모와 운모의 2분법적 체계만을 고수했다. 그런데 세종대왕과 집현전 학사들(성삼문과 신숙주)은 중국의 성운학을 마스타하기 위해, 만주의 요동에 귀양와 있던 명나라의 한림학사 황찬黃瓚, 1402~1447(강서성 길안사람. 선덕宣德 8년 진사. 중국에서는

성운학자로서 별로 알려진 인물이 아닌데 매우 강직한 양심적 지식인이었다)을 만나기 위해 13번이나 요동과 조선을 왕래하였다. 황찬은 대학자로서 음운과 인간의 발음, 언어일반에 관하여 매우 상세하고도 정확한 지식을 전해주었다.

티베트사람들이 티베트문자를 만들 때 그 의도는 산스크리트 불경을 번역하기 위한 수단으로 만든 것이다. 그러나 세종은 한국 사람들의 말을 기록한다는 민족적 이상을 초월하여, 인간의 발음기관은 제한이 있고, 보편적 구조를 가지고 있으며, 의사소통을 위한 수단으로 발음체계를 만들어 낼 때는 일정한 법칙이 있다는 보편주의적 사유 속에서 이 지구상의 인간들이 말하는 언어 그 전부를 기록할 수 있는 체계를 만들어 낸다는 신념을 가지고 발음과 인간 보편적인 발성구조를 심각히 연구하였다.

페니키아문자의 계통을 전승하여 생겼다고 하는 영어를 한번 생각해 보자! "**g**"와 "**k**"는 그냥 우발적인 모양이지 이 양자 사이에 어떤 조직적 체계가 없다. 그러나 "**ㄱ**"과 "**ㅋ**"은 같은 발음계열의 문자들이라는 확연한 체계가 감지된다. "**ㅋ**"은 "**ㄱ**"의 아스피레이션aspiration(기가 쎄게 나간다)이다. "**ㄲ**"은 "**ㄱ**"의 된음이다(전탁全濁). 그리고 "**ㄱ**"은 우발적인 모양이 아니라, 아음牙音으로서, 혀뿌리가 목구멍을 닫는 모양을 본뜬 것이다(象舌根閉喉之形).

우발이 아니라, 28자의 모든 심볼이 치열하게 체계적인 상징체계 속에서 태어난 것이다. 그리고 그 상징체계는 물상物象에 근거가 있다. 인류가 문자를 고안한 이래 이토록 정교한 위업은 있어본 적이 없다.

집을 하나 짓는 데도 인간이 살아보면 살아볼수록 좋은 집이라는 생각을 갖게 되는 건축디자인은 만나기 힘들다. 건축은 삶의 조건을 유형화有形化하는 작업이지만 모든 것이 가촉可觸(tangible)이다. 그래서 구체적인 디자인이 가능하다. 그러나 인간의 언어는 만질 수 있는 실체가 없다. 그런데 그러한 무형의 소리체계를 어떠한 지상의 정교한 건축보다도 더 정교하게, 그리고 간편하고 유익하게 디자인한다는 것은 팔만대장경을 만든 민족이 아니면 해내기 어렵다.

중국어는 성모와 운모의 2원적 체계다. 그러나 우리 한글은 운모를 또다시 중성과 종성으로 나누었다. 초성·중성·종성이란 자음(C)+모음(V)+자음(C)을 의미한다. 그리고 종성은 초성의 글자를 다시 씀으로써(終聲復用初聲) 번쇄함을 없애버렸다. C+V+C의 합자는 일본어 같은 음절문자가 아니다. 그것은 음소문자의 효율성과 다양성을 극대화시킬 수 있는 절묘한 시스템이다. 음성학적인 논의를 할 자리가 아니므로 정인지 서문으로써 대미를 장식하려 한다. 우리가 쓰고 있는 문자가 세계 제1의 문자라는 것을 바로 우리민족의 젊은이들에게 호소해야만 하는 이

나의 애절한 느낌은 스스로를 비하시켜온 역사의 업보일 것이다. 이 땅의 젊은이들이여! 그대의 선조들은 금강산의 수려한 자태보다 더 수려한 문화를 창조해왔다는 사실을 잊지말자! 문자사의 대가 피셔Steven Roger Fischer의 『문자의 역사*A History of Writing*』의 한 구절을 살펴보자.

> **당시 한국인들은 한국말을 음성 나는 대로 쓸 수 있는 한국인 자신의 문자를 가지고 싶어 했다. 세종은 중국문자에 의존하는 한문을 대치할 수 있는 한국의 유니크한 새로운 시스템을 개발할 것을 제안했다. 이렇게 해서 세상에 나오게 된 한국의 유니크한 한글은 결과적으로 인류의 문자사에서 고안된 가장 효율적인 소리글이라는 것이 입증되었다.**
>
> Koreans are in great need of their own letters with which they can write the Korean language. Seycong's proposed replacement of Chinese-based writing, Korea's unique Hankul, eventually came to represent the most efficient system ever devised in the history of writing. (p.187). ("Seycong"은 오식이 아니라 서양인의 옛표기 방식이다).

그리고 피셔는 한글에 대한 논문을 마무리지으며 말미에 이와 같이 말하고 있다.

북한은 현재 한자를 배제하고 오로지 한글만으로 생활하고 있다. 두 개의 한국은 미래에 하나로 융합되지 않을 수 없다. 그렇게 되면 북한사회의 표기방식도 어떤 체계로든지 수정을 면치 못할 것이다. 어떠한 쓰기 방식이 새롭게 안착되든지간에, 우리는 죠프리 샘슨Geoffrey Sampson(1944~, 영국의 언어학자, 수섹스대학의 정보학과 교수)의 다음과 같은 한글에 대한 공언을 인정하지 아니할 수 없을 것이다: "한글은 인류의 정신사적 공든 탑 중에서 가장 탁월한 성취 중의 하나이다."

North Korea already uses Hankul almost exclusively. The inevitable re-unification of the two Koreas will certainly change writing there in some way. Whatever form of writing triumphs, one must agree with Geoffrey Sampson's evaluation of Hankul as 'one of the great intellectual achievements of humankind.'

정인지의 서문은 이와같이 끝난다.

恭惟我殿下，天縱之聖，制度施爲超越百王。
공 유 아 전 하　천 종 지 성　제 도 시 위 초 월 백 왕

正音之作，無所祖述，而成於自然。豈以其
정 음 지 작　무 소 조 술　이 성 어 자 연　기 이 기

至理之無所不在, 而非人爲之私也。夫東方
지 리 지 무 소 부 재　이 비 인 위 지 사 야　부 동 방

有國, 不爲不久, 而開物成務之大智, 蓋有待
유 국　불 위 불 구　이 개 물 성 무 지 대 지　개 유 대

於今日也歟?
어 금 일 야 여

삼가 생각하옵건대, 우리 전하야말로 하늘이 내리신 성인이시로다. 알맞은 도수의 시스템을 만들어 베풀어 행하심이 지구상의 모든 왕들의 수준을 초월하시었다.

이 나라 바른 소리의 창제는 옛 조상의 것을 그대로 이은 것이 아니라, 스스로 그러한 이치에 따라 이루어진 것이다(※ "조술祖述"이 아니라 "자연自然"이라고 말한 것이 매우 중요하다. 한글은 온전한 창작이며 천지자연의 이치를 구현한 것이라는 주장은 한글창제를 외국문자의 영향하에 이루어졌다는 가설들을 거부하는 것이다. 한글은 뉴턴의 물리학과도 같은 과학이라고 세종과 집현전 학사들은 생각한 것이다. 최만리의 좁은 인식이 딱할 뿐이다. 최만리는 세종 말대로 성운학을 전혀 몰랐다).

참으로 그 지극한 이치가 닿지 아니하는 곳이 없으니, 이는 인위적 조작에 의한 사사로운 것이 아니다(※ "지리지무소부재至理之無所不在"라는 말과 "인위지사人爲之私"라는 말이 중요하다. 한글은 천하의 공公이요, 어떤 개인이 사사로운 목적을 위하여 만든 것이 아니다. 이 세상 어느 곳에도 없지 않은 지극한 이치를 밝혔을 뿐이다. 국가를 자신의 사유물로 생각하는

윤석열 · 김건희의 행태를 보라! 국민의 심판 앞에 과연 며칠이나 버틸 것인가? 철조망을 쳐서 결사항전을 하겠다니! 철조망으로 보호를 받는 것이 아니라, 자기자신을 가두어 죽이고 있는 것이다).

무릇 동아시아에 나라가 있은 지는 오랜 세월이로되, 사물사건을 개시하여 일정한 업을 성취하는, 우주변화의 이치를 깨달은 거대한 지혜는 아마도 오늘 이 훈민정음의 반포를 기다리고 있었던 것이 아니겠으랴!

세종 28년 9월 상순(1446년 9월 10일)에

진실로 장쾌한 포효라 할 것이다. 여기 "개물성무開物成務"라는 말은 공자의 말로서 『주역』「계사전」(도올 번역서, 11-1)에 인용되어 있는 말이다. 공자가 『역』이라는 게 도대체 무엇을 위하여 만들어진 것이냐?는 질문을 던져놓고, 그에 답하는 담론에 있는 말이다. 공자는 역이 점서占書라는 것을 중요하게 생각하지 않는다. 역은 점서라기 보다는 우주의 프로세스를 밝히고 그 밝힌 원리에 따라 인간세를 운영하는 것이라고 말한다.

"개물開物"은 모든 착종하는 우주의 이벤트를 가리킨다. 그 이벤트가 개시되는 것(initiation)을 의미한다. 그 개시는 반드시 "업業"을 이룬다. 수용과 배타의 밸런스를 통해 사무 · 사업을 성취한다. 그것을 "성무成務"라 한다. 성무가 이루어지면 천하의 길을 개척하는 모험을 감행한다. 그것을 "모천하지도冒天下之道"라고 불렀다. 지금 서문에 다 나오지는 않았지만 "개물성무"는 "모천하지도冒天下之道"를 전제로 해서 말한 것이다. 다시 말해서 훈민정음 반포를 통해 일어날 새로운 문명의 개시(開物)와 성취(成務)를 천하의 도道를 새롭게 개척하는 모험(冒天下之道)으로서 결론을 내리고 있는 것이다. 훈민정음의 창제는 이 지구상에 존재한 어떠한 문명도 감행해보지 못한 새로운 모험(Adventure)이라는 사실을 반포하고 있는 것이다. 조선왕조 개창의 레이존 데트레raison d'être(존립이유)가 바로 한글임을 자신있게 선포하고 있는 것이다.

우리민족은 지금 절체절명의 위기를 맞이하고 있다. 이 위기는 유사이래 있어본 적이 없는 천재일우의 기회이기도 하다. 이 기회를 맞이하여 우리는 새롭게 개시하고, 새롭게 성무하고, 새롭게 모험을 시작하여야 한다. 세도정치로부터 두 세기동안 축적된 역사의 과오를 깨끗이 씻어내야 한다.

현대사의 인식구조

거연 팔십이 되고 보니, 매일 거리에 나가 젊은이들과 호흡을 맞추기도 힘들다. 김민웅 목사님은 나 보고 거리에 나와서 수십만·수백만 군중을 향해 멋있는 강연을 하시라고, 어떻게 해서든지 20분 정도의 시간을 만들어 보겠다고 말씀하지만, 아무리 생각해 봐도 나는 거리스피치형 인간은 아니다. 실제로 나가보면 감동을 주는 것은 나 같은 사람의 고담준론이 아니라, 순결한

세계인들을 놀라게 한 "선결제" 문화가 여의도에서 시작되었다. 함께 고통을 감내하는 훈훈한 인仁의 정취가 서린다. 나는 국회 여의도 광장에서 선결제의 김밥을 받아 주린 배를 채웠다.

어린 자식들에게 역사를 제대로 가르쳐 주어야겠다고 다짐하는 의식있는 엄마가 두 형제를 데리고 나왔다.

촛불행동을 힘차게 밀고나가는 김민웅 선생과 김지선 대표를 여의도 현장에서 만났다. 사자후 김민웅은 깊이 있는 신학자이기도 하고, 김지선은 민중과 소통하는 천재적인 스피치의 달인이다.

여의도 광장에서 4성장군 출신의 김병주 더불어민주당 의원을 만났다. 김병주 의원은 군내부 매카니즘을 너무 잘 알기 때문에 계엄・탄핵정국에 많은 결정적인 역할을 하였다. 일꾼이다!

청춘의 함성이다. 국회 앞에 나갔을 때 어느 초등학생이 나와서 왜 윤석열이가 부당한 대통령인지를 자기가 느끼는 대로 이야기 하는데 나의 눈에서는 눈물이 흘렀다. 개념 없는 순결한 느낌, 그대로가 진짜 감동을 전하는 것이다.

그렇다고 집안에 가만히 쑤셔박혀 있을 수도 없는 일! 그래도 나에게는 "도올tv"라는 사회채널이 있어서 일주일에 세 번이나 꾸준히 정치적 견해와 철학적 해석을 선포하는 케리그마의 발산이 가능하다. 요즈음 나의 유튜브채널 도올tv도 올라가기 어려운 구독자수가 30만 명을 훌쩍 넘었다. 계엄령 이래 1만 명 이상이 구독자신청을 한 것이다. 그리고 매 강의마다 시청자 수가 10만을 훌쩍 넘는다. 그만큼 우리민족이 지금 답답하고 방황하고, 승리의 기쁨과 좌절의 슬픔이 끊임없이 길항하고 있는 것이다.

그야말로 한남동 관저의 철조망을 뚫고 돌진하다가 산화하고픈 심정에 있는 지사들이 어디 한두 명일 것이냐! 이러한 비극적 상황 속에서 나는 내가 진정으로 할 수 있는 일, 해야만 하는 일이 무엇일까를 고민하고 또 고민해 보았다.

카이로스

나의 개념적 사유를 민중에게 직접 전달할 방도가 없을까? 있다! 있다! 쓰자! 쓰자! 지금 윤석열이가 시간을 끌고 있는 이 절체의 정황이야말로 내가 나의 사유를 민중에게 전할 수 있는 카이로스다!

광화문에서부터 걸어서 대통령 관저(석열산성) 앞 한남동 대로에까지 간 시민들. 윤석열에게 당당하게 법치를 준수하라고 외치며 연일 추운 밤을 새웠다.

위 시민들이 폭설 내리는 밤을 견디며 뒤집어 쓴 은박담요 위로 눈이 쌓여 키세스kisses 쵸코렛 모양이 되었다. 역사의 고통을 달콤하게 견디는 "키세스시위대"의 모습에 세계인들은 박수를 보냈다.

그렇게 해서 이토록 급박한 심정에서 글을 쓰다 보니, 사람에 대한 평론은 한계가 있고, 내가 참으로 할 수 있는 것은 똥대가리 같은 녀석들이 설치고 뭉개고 저항하고 있는 이 현장만을 대상으로 할 것이 아니라, 우리민족이 얼마나 위대한 민족이며, 얼마나 위대한 시간의 족적을 남겨왔는지를 전하는 통시적인 관점이야말로 도올의 사명의 최대치라는 생각이 들게 되었다. 그래서 아사달문화와 팔만대장경과 훈민정음의 실상에 관한 이야기를 하다 보니 여기까지 이르게 되었다. 처음부터 이 시국에서는 이 책의 유포야말로 민족혼을 일깨우는 데 더없이 좋은 기회라는 문제의식이 있었기 때문에 많은 양을 쓰지 않기로 했다. 그런데 벌써 원고지가 예상분량을 넘어섰다. 그래도 해야 할 말은 해야겠기에 간략히 시국과 관련된 우리 역사 이야기를 마무리져야겠다.

우리나라 사람들, 그냥 보통 사람들이 조선의 역사를 생각하면, 프라이드를 느낀다든가, 특히 정치사적 측면을 생각하면 일본역사에서 보여지는 "대정봉환大政奉還"(막부의 에도정권을 평화적으로 천황에게 헌납한 일. 이 사건으로 명치유신이 시작되고 제국문명의 틀을 갖추게 되었다)과도 같은 거시적이고도 멋있는 사건이 별로 떠오르지 않는다. 조선역사를 되돌아보면 불평등조약이니, 삼정의 문란이니, "한恨"이니 하는 따위의 말만 우선 떠오른다.

역사라는 것은 기억의 체계인데, 기억이란 현시점에서 가까울 수록 선명하다. 조선왕조를 생각해도 고려황제국에서 조선왕조로 넘어가는 그 초기의 복잡다단한 상황을 먼저 생각하는 사람은 거의 없다. 이성계, 이방원, 정도전 이런 사람들은 조선왕조의 사람들이라기보다는 고려조의 사람들이다. 조선왕조실록의 첫 실록인 태조실록에 나오는 사건들은 문화사적으로 보면 모두 고려사회의 이야기들이다. 가옥구조도, 의복도, 풍속도 모두 고려사회를 바탕으로 하고 있다. 긴 이야기의 마무리를 지어야 하는 판에 이렇게 또다시 복잡한 얘기를 하면 재미가 없어진다. 우리에게 조선이란 무엇인가? 대체적으로 그것은 구한말의 정황이다.

세도정치의 폐해

조선왕조의 말기현상은 정조시대 이후의 소위 세도정치의 폐해로부터 생겨난 것이다. 정조는 세종에 못지않을 만큼의 지성과 이성을 갖춘 희대의 인텔리겐챠였는데, 그의 철학적 틀이 모두 주자학의 매우 스탠다드한 틀 속에 매몰되어 있다. 세종은 한문보다 한글을 더 사랑했고, 중국의 명약보다 한국산천에서 자라나는 향약鄕藥에 더 관심이 있었다. 중국의 아악雅樂보다 한국전통의 향악鄕樂을 사랑했다(『세종실록 악보』. 여민락, 정대업, 보허자가 모두 향악이다). 향鄕이 아雅나 정正보다 우위에 있었다. 그러나 정조의 정신세계는 주자학정통주의의 폐쇄적 이념 속에 갇혀있었다. 세종의 관심은 어디까지나 민民이었지만 정조의 주된 관심은 억울하게 죽은 아버지 사도세자의 복원이었다.

그나마 정조는 합리적 원칙을 가진 인간이었기에 기독교의 탄압도 그렇게 몰상식한 탄압은 하지 않았다. 그러나 정조 이후의 왕들, 순조, 헌종, 철종이 모두 어린 나이에 등극했고, 국정을 직접 통제하지 못하는 사람들이었기에 자연히 외척세력이 정권을 장악하게 된다. 세도정치라는 것은 가문중심으로 권력을 독점하는 것이기 때문에 붕당의 소멸을 초래한다. 붕당정치는 당파간에 권력의 배분이 이루어지며 끊임없는 권력의 변화로 인해 그 나름대로 사회의 합리성과 밸런스가 유지되지만, 세도정치하에서는 권문세가의 파우어가 고착되면서 사회는 합리적 변화의 고

세종대왕이 만드신 해시계(앙부일구仰釜日晷, 1434년 제작됨). 2024년 12월 동짓날 오후 3시에 창경궁을 가서 보았다. 그림자가 정확히 동지를 가리키고 있었다. 인간세의 비상식을 야단치고 있는 듯. 자연은 거짓이 없다.

리를 찾지 못하고 소수 가문의 사적욕망이 극대화되는 사회현상이 만연케 된다. 매관매직, 과도한 세금과 부역 등, 극악한 부패가 국운을 어둡게 한다.

이 세도정치하에서 삼정의 문란이 일어나게 되고 조선왕조는 유례없는 민생파탄에 직면하게 된다. 이 민생파탄에 항거하는 민중의 최종적 항거는 "반란叛亂"밖에는 없다. 그리하여 우리나라 19세기는 홍경래의 난(1811~1812)을 필두로 해서 진주민란(1862)으로 이어지는 수십 차례의 민중의 의거로 얼룩지게 된다. 진주농민항쟁의 경우만 해도 안핵사로 내려간 사람이 연암 박지원의 손자 박규수朴珪壽, 1807~1877(개화파의 중추적 인물)였는데 그가 행한 일을 보면 그의 사상적 신념과는 아무런 관계가 없다. 다시 말해서 그가 손쓸 수 있는 제도적 개혁이 근원적으로 불가했다는 것이다.

결국 19세기 조선왕조의 세도정치는 개선의 여지가 없이 시간은 흘러만 갔다. 이러한 시간의 파탄 속에서 태어난 민중의 솟구치는 힘이 동학이라는 것이다. 조선왕조 말기의 역사는 1860년 최수운의 득도로부터 1864년의 최수운 처형, 그리고 그 후로 이어지는 최해월의 도바리행각, 그리고 1871년의 영해혁명(600명의 동학도유들이 극악한 탐관오리인 영해부사 이정을 처단), 그리고 1894년의 갑오혁명, 그리고 1898년의 해월 최시형의 교수형에 이르기까지 약 40년에 걸친 동학의 역사를 빼놓고는 아무것도 얘기할 수 없다.

그런데 우리 역사에 일어난 최대규모의 민중항쟁인 동학혁명은 과연 어떻게 진압되었는가?

동학은 보통 "이필재의 난"이라고 잘못 인식되어 있는 동해안의 "영해혁명"으로부터 본격적인 관아의 추적을 당했지만, 그로부터 동학혁명의 리더인 해월은 본격적인 혁명정치세력으로서의 문제의식을 지니고 광범한 민중세력을 포접제도라는 동학 특유의 사회생활조직으로 조직화해 나갔다. 그리고 동학은 우리나라 최초로, 혁명행동의식과 더불어 혁명철학, 다시 말해서 "다시개벽"이라는 역사관, "시천주조화정"이라는 인간관, 그리고 보국안민輔國安民의 정치철학, 그리고 반외세적인 척양척왜斥洋斥倭의 주체철학을 탑재한 이론을 구비했다. 초월자의 지배적인 권력구조를 근원적으로 파기하는, 21세기 서구철학에서도 찾아볼 수 없는 "불연기연不然其然"의 형이상학적 교리체계를 완비했다("형이상학"이란 『주역』의 개념의 맥락에서 쓴 것이다).

세계 어느 나라의 근대사에서도 찾아볼 수 없는 어드밴스드된 이론이었고, 이것을 『동경대전東經大全』이라는 한문경전과 『용담유사龍潭諭詞』라는 한글경전으로 간행하여 보급시켰다. 어느 종교든지 그 종교를 개창한 본인이 경전을 쓰는 예는 찾아보기 힘들다. 예수의 말도 복음서 기자들의 작품이요, 그 말씀의 확장도 사도 바울의 이론체계에 의하여 해석된 편지들이다. 소크

라테스의 말도 플라톤의 저작이며, 무함마드의 언설도 본인의 저작이 아니다. 『동경대전』과 『용담유사』는 역사적 수운Historical Suwoon의 손가락에 맺힌 피땀의 저작이다. 한치의 가감이 없다.

동학의 개벽운동이 좌절된 역사

이렇게 위대한 민중의 삶의 변혁운동이 국가에 요구한 것은 1) 외세, 특히 일본에 휘둘리지 말라는 것 2) 동학 도유들을 정당한 이유 없이 탄압하지 말라는 것 3) 그리고 교조인 최수운을 죄인으로 몰지 말고 신원해달라는 것 정도의 요청이었다. 만약 하루속히 국가가 동학의 진실을 받아들이고 자체개혁에 힘썼다면 조선의 국운은 달라졌을 것이다. 그러나 조선왕조 이스태블리쉬먼트는 동학 민중의 요청을 끝까지 개무시했다. 진리를 탄압하는 자는 반드시 진리에 의하여 탄압당한다.

조선의 조정은 동학과 타협하는 듯한(잠깐 존재했던 전주꼼뮨) 제스츄어를 쓰다가는 결국 외세를 빌어 동학의 세력을 꺾었다. 이 과정에서 조선민중 30만 명 이상이 목숨을 잃었다. 청일전쟁에서 승리한 일본은 대륙진출의 최대의 방해물이 동학이라고 생각했기에 처참한 도륙을 감행했다. 공주 우금치, 영암·무안의 고막포, 장흥의 석대뜰이 그 현장이다. 조선왕조는 정의로운 국가 모습을 요구하는 자국민을 살상하기 위하여 일본을 끌어들였다. 일본의 군대가 이 땅에 상륙했다는 것은 곧 조선의 멸망을 의미하는 것이다. 왕의 보위를 유지하기 위하여 자국민의 목숨을 타자에게 맡긴다는 것은 곧 그 타자에게 왕조 그 자체를 헌납한다는 것을 의미한다. 고종은 무능했다. 500년을 유지했던 그 찬란한 조선문명은 이렇게 끝이 났다.

조선왕조가 깨끗이 끝나고 완전히 새로운 식민지 시대가 시작되었다면 역사의 기술은 간결하게 채프터를 넘길 수 있을런지도 모르겠다. 그러나 19세기~20세기 조선역사의 흐름은 전체적으로 조감하면 복잡한 양상을 띤다. 조선왕조는 세도정치에 물들었고, 세도정치는 권문세가의 지속적인 전횡을 초래했고, 민중의 삶은 외면되었다. 삼정의 문란이 일어나고 이 문란을 광정하기 위하여 동학이 혁명세력으로서의 전투력과 이론체계를 갖추었다. 이를 버겁게 느낀 조선왕조 조정은 일본에게 동학의 처분을 맡긴다. 일본이 동학을 처단한다는 것은 조선왕조의 생명, 조선왕조의 정화인 그 꽃을 꺾어버린다는 것을 의미한다. 조선왕조는 동학민중항쟁을 매개로 하여 정당한 조약도 없이 사라진다. 조선의 국민들은 조선이라는 왕조가 사라졌다는 것도 인식할 틈도 가지지 못했다. 그만큼 왕조말기의 민중의 일상적 삶은 처참했고 민생의 밑바닥을 헤매었기 때문에 "나라가 망했다"는 것도 인식할 만한 의식의 분절이 없었다.

이때 중요한 사실은 왕가의 정통성이 사라지고 일본천황폐

하와 조선총독이 그 자리에 들어섰다는 사실이다. 세도정치의 맥을 이은 권문세가들은 노블리스 오블리제를 지키는 몇몇의 유림 종택을 제외하고는 대부분 조선왕조를 섬기는 그 의식대로 천황과 총독을 섬기었다. 물론 안동김씨가문이나 풍양조씨라는 19세기 전반의 세력이 그대로 권세를 이은 것은 아니라 해도 대부분의 조선왕조 이스태블리쉬먼트는 일본식민지에서 일본지배에 협조한다는 충성맹약과 더불어 새로운 작위를 받았고 은사금을 받았다. 그것은 일본이 조선을 다스리는 효율적인 방편이었다.

그러니까 일제 36년 동안에도 다양화된 친일분자의 세도정치가 날개를 폈다. 19세기 후반의 빈부의 격차는 일제강점기 때도 계속되었고, 양반−쌍놈의 차별은 소시알 모빌리티social mobility의 제고 없이 그대로 유지되었다(※ 양반-쌍놈의 격차를 무의미하게 만드는데 가장 결정적 역할을 한 것은 6·25전쟁이다).

미군정의 비극, 4·19혁명까지

해방 이후 미군정기에도(※ 미군정은 조선총독부와 다를 바 없는 외세 지배기구였다) 권문세가의 세도정치는 그대로 유지되었다. 미군정의 지배자들은 우선 코리아라는 나라에 무지했다. 역사도 몰랐고, 인문지리적 지식도 없었고, 언어도 몰랐고, 그 특유한 풍속과 모랄에 무지했다. 이렇게 미지의 세계를 다스리는 유일의 효율적인 방편은 일제시대 때 일본지배정치 매카니즘을 장악하고 있던 친일파 관료 하이어라키를 그대로 옮겨오는 방법밖에 없었다. 그들은 교육수준이 높았고, 돈이 많았고, 영어를 잘했고, 또 기독교신앙 속에서 개화의 특권을 누리는 자들이 대부분이었다. 그리고 대부분이 반공주의자였다. 미군정은 이러한 세도정치가들의 집단과 손잡을 수밖에 없다.

이러한 세도정치가문집단 외곽에서 일제에 타협하지 않은 양심가들은 대부분 교육수준의 고하에 관계없이 콤뮤니스트, 즉 좌익으로 낙인찍힌다. 우리나라 해방 후의 역사에서 이 좌익·우익이라는 말은 서양정치사의 개념과 관련이 없는 것은 아니지만 우리나라 역사 고유의 특이한 성품과 전승을 부여받는다. 우익은 세도가문이었고, 공부를 많이 했고(근대 서구식 교육을 많이 받았다), 영어를 잘했고, 일요일이면 교회를 나가는 교양인이었다. "교양인"은 조선왕조의 권문세가의 덕성을 물려받았다.

이승만정권의 정치주조主調는 바로 이 교양인들을 보호하고 육성하여 이씨왕가 왕손의 체통을 유지하는 것이었다. 사회평등이나 정의에 대한 관념이 희박했다. 미국의 빽업을 받는 막강한 이승만정권이 4·19혁명에 의하여 타도되는 사건은 삼정의 문란을 디디고 그 위에서 버티고 있던 조선왕조가 동학혁명에 의하여 궤멸되는 것과 맥을 같이하는 사건이다. 이 두 사건이 장을 달리하는 먼 시대의 멀리 떨어진 사건들인 것처럼 보이지만 연대적으로 단지 66년밖에 격하고 있질 않다. 알고 보면 동시대성의 사건contemporary events인 것이다.

박정훈 대령 무죄판결, 윤석열 더티 플레이

내가 이 글을 쓰고 있는 이 순간에 낭보가 하나 날러 들어왔다. 해병대 채상병순직사건 관련, 항명 등의 혐의로 기소된 전 해병대 수사단장 박정훈 대령이 1월 9일 군사법원에서 무죄를 선고받고 당당히 걸어나오는 모습이 그를 바라보는 국민 모두의 가슴을 훈훈하게 만들었다. 국민의힘 의원이 같은 날, 국회소통관에서 흰색헬멧을 쓴 백골단을 산하조직으로 한다는 반공청년단 출범 기자회견을 하는가 하면, 무법천지 한남동 극우집회는 폭력을 휘두르는 모습까지 보이고 있다.

부당한 명령에 이성적으로 대처한 박정훈 대령의 의젓한 모습은 국가조직에 대한 근원적인 신뢰감을 회복시켜 준다. 사실 우리가 대한민국에서 발뻗고 산다는 것은 군대에 대한 신뢰감이 있기 때문인 것이다. 보통의 법정과 달리 군사법정은 많은 베일에 가려있어, 민간에서 말하는 정의로운 관념들이 그대로 통하지 않는다는 의구심을 자아낸다. 그런데 그러한 군사법원이 항명혐의에 대해 무죄판결을 내렸다는 것은 우리나라 사법질서의 정의로운 측면을 과시하는 것이며 우리사회의 적재적소에 양심이 살아있다는 것을 입증하는 사건이다.

나는 걷는다, 우리의 상식

나는 갑자기 이런 말을 하고 싶어졌다. 나는 걷는다. 내 머리 위에 푸른 하늘이 있다. 이런 것은 매우 상식적 명제이다. 내 머리 위로 땅이 있다든가, 하늘이 땅밑에 들어가 있다든가, 하늘 꼭대기에 유리구슬 같은 천당이 있다든가 하는 얘기는 좀 어렵다. 상식이란 식識의 상常이다. 식이란 몸의 진화의 최종단계에서 생겨나는 인식의 착종관계사태이다. 인식의 착종체계 중에서 우리는 모든 사람이 공유할 수 있는 항상스러운(常) 식(識)에 의존하여 살아가고 있다. 한 민족의 지도자는 민의 소리를 들을 줄 알아야 한다. 이런 것도 상식이다.

先天下之憂而憂, 後天下之樂而樂。
선 천 하 지 우 이 우　후 천 하 지 락 이 락

(범중엄의 「악양루기」).

한 민족의 지도자는 천하사람들의 근심을 그것에 앞서 근심하고, 천하사람들의 즐거움을 그들이 즐거워한 후에나 즐거워한다.

지금 민중의 대부분이 자기로 인하여 불안에 떨고 근심에 싸여 있고 생계가 불안한데, 자기 혼자 연명하려고 공적인 경호관을 사병화하고, 치안질서의 근간인 경찰을 무시하고 백골단을 동원하려느냐? 네가 과연 사람이냐? 상식의 인간이냐? 공자가 말한다:

"군자가 밀실에서 속삭이는 말을 하여도 그 말이 좋으면 벌써 천리 밖에서 호응하고, 그 말이 좋지 아니하면 벌써 천리 밖에서 그 잘못을 지적한다."

君子居其室, 出其言。善則千里之外應之; 不善則千里之外違之。
군자거기실 출기언 선즉천리지외응지 불선즉천리지외위지
『도올주역계사전』 pp.143~146.

윤석열이는 밀실에서 나쁜 말만 속삭였다. 국민의 삶에 하등의 도움을 주지 못했다. 마누라의 명품백만 가득 채웠을 뿐이다.

廐焚。子退朝, 曰: "傷人乎?" 不問馬。
구분 자퇴조 왈 상인호 불문마

(『단 한권으로 읽는 논어·역경』 p.94)

공자님 집 대문 곁으로 있는 마구간에 불이 났다. 공자께서 조정회의를 끝내고 돌아오시려 할 때 이 얘기를 들으시고 말씀하시었다: "사람이 상했느냐?" 그리고 말에 대해서는 묻지 않으셨다.

이것이 동방예의지국의 상식이요, 인仁한 마음이다. 사람에 대한 심려, 관심, 애호가 앞서는 것이다. 서양인들의 휴매니즘을 운운할 건덕지가 없다. 휴매니즘이란 우리몸에 배어 있는 상식이다. L.A.교민들은 대화재 속에서도 재난을 당하는 사람들을 구하기 바쁜데, 조국의 대통령이라는 윤석열이라는 자는 자기 국민을 향하여 총구를 돌렸고, 국회의원들을 체포하기 위하여 발포해도 좋다고 말했고, 사람보다는 자기 재산인 "말"에만 관심을 쏟는다. 과연 석열이, 건희가 인간이냐? 상식적 인간이냐?

공자는 『논어』에서 4번이나 이 말을 반복해서 말했다. 공자가 가장 경계한 사태인 것 같다.

子曰: "巧言令色, 鮮矣仁!"
자 왈 교 언 영 색 선 의 인

"교묘하게 말을 꾸미고 얼굴표정을 호리는 사람치고 인한 인간은 거의 없다."

건희는 교언영색의 대명사이다. 국민 모두가 다 안다. 아마도 주변의 점쟁이, 도사, 극우여론조작가들에게서 얻는 끊임없는 환상 때문인 것 같다. 동방인은 교언영색을 싫어한다. 처음에는 그래도 봐주려고 했다. 그러면 사심을 버려야지! 국정에 참여할 하등의 근거도 없는 일개 여인이 국정을 흔들었다. 흔들어도 자기 사적 욕망의 울타리 속에서 흔들었다. 개인의 탐욕을 위해 영구히 국가재정을 다 말아먹으려 했다. 어찌 이 여인을 용서할 수 있겠는가! 그러면서도 끝까지 자기는 황제폐하 위에 있는 황후라고 생각하고 있다. 북한을 싹 쓸어버리고 중국까지 쳐들어가서 주원장처럼 대륙의 황제가 되겠다고 믿는 모양이다. 이는 도무지 상식이 아니다. 교언영색은 인이 아니다. 그러면 어떻게 해야 하는가? 내가 너무도 사랑하는 공자의 자화상이 있다.

子曰: "二三子! 以我爲隱乎? 吾無隱乎爾。
자 왈 이 삼 자 이 아 위 은 호 오 무 은 호 이
吾無行而不與二三子者, 是丘也!"
오 무 행 이 불 여 이 삼 자 자 시 구 야

공자가 제자들과 함께 생활하면서 가르치곤 하는 와중에 제자들 중에 우리 공자 선생님께서 아무개를 몰래 더 가르쳐준다든가, 희한한 기술은 숨기고 가르쳐주지 않는다든가 하는 느낌을 가진 자들이 있어, 쑥더쿵거리고 있었던 모양이다. 여기 "이삼자二三子"라는 표현은 문자 그대로 "둘셋놈"이라는 뜻인데, "너희들"을 친근하게 부르는 표현이다. "느그들" 정도가 될 것이다. 공자는 말한다:

> **"너희들 내가 무엇을 감추고 있다고 생각하느냐? 나는 본시 무엇을 숨기고 그러는 사람이 아니다. 생각해 보거라! 나는 너희들과 같이 생활하면서 너희들과 더불어 하지 않은 것이라고는 아무것도 없다." 그러면서 공자는 양손을 벌리고 모든 것을 보여주는 듯한 제스쳐를 쓰면서 말한다: "이것이 나 공짱구다! 이게 나 짱구대가리 공자란 말이다."**

"시구야是丘也"라는 말은 내 인생의 좌우명이 된 말이다. 나는 본시 어려서부터 노자를 좋아하였고, 공자의 규범적 윤리를 별로 좋아하지 아니하였다. 그런데 이 "시구야"라는 말 한마디 때문에 유교경전을 가까이하게 되었다. "시구야"라는 말은 "이게 나다!"라는 말이다. 여기 "구丘"라는 표현을 쓴 것은 본시 공자의 기골이 장대(키가 2m가 넘는 산동대한山東大漢)하고 태어났을 때 그의 머리가 운동장처럼 편편한 짱구대가리라 하여, 언덕 구丘자를 써서 그의 애명, 본명을 삼았던 것이다. 공자가 스스로를 "이게 나 구丘다!"라고 말하는 것은 자기 존재 전부를 내보인, 하이데가가 말하는 바, 존재자(*Seiende*) 아닌 존재(*Sein*) 그 자체를 있는 그대로 내보인 최종적 명제인 것이다. 삶의 모든 순간의 자인 *Sein*에 아무런 개념적 구속을 가하지 않겠다는 것이다.

석열아! 건희야! 뭐가 두렵냐? 네가 그토록 열정적으로, 대통령을 해서 이 나라를 구해야만 하겠다고 한다면, 공자처럼 당당하게 나와 가슴을 벌리며 "이게 나 공자요!" 하고, 너의 존재 그 전부를 내보여야 할 것이 아니냐? 당당하게 한남동공관을 걸어 나오고, 당당하게 국민에게 공개되는 재판정에서 자기를 내보여야 할 것이 아니냐?

"이게 나 석열이올시다!"

이 한마디를 당당하게 말할 줄 모르는 네가 어찌 이 나라의 대통령이란 말이냐! 나는 늠름하게 미소지으며 걸어 나오는 박정훈 대령에게, 비록 내 아들과 같은 나이이지만, 그 앞에 큰절을 하고 싶더라! 박정훈 대령으로 인하여 우리 국민이 국군을 사랑하게 되지 않았느냐! "한번 해병은 영원한 해병"이라는 구호대로 해병의 프라이드를 우리 국민이 지켜줄 수 있게 되지 않았느냐?

석열이 이놈! 네가 과연 이땅을 통치할 자격이 있다고 믿느냐? 밀실도 무서워, 대형버스를 겹겹이 삼중으로 세우고 또 철조망으로 둘러 치고, 백골단으로 에워싸고, 국민의힘 의원들을 부추기어 보호막을 형성하고…… 과연 이런 짓이 무엇을 의미하는 줄 아느냐! 너는 공포에 싸인 소인배니라! 석열아! 나와라! 당당하게 국민 앞에서 국민에 맞서 너의 정당성을 주장해보아라! 진리를 버리고 계엄의 인막으로 너를 가리우지 마라!

얼마 전에 내가 어느 예술공연장에서 박철민 군의 부인을 만났는데, 나에게 와서 자기소개를 하고는 이런 말을 하는 것이다.

"선생님께서 주신 족구야를 안방에 잘 걸어놓고 있습니다."

"족구야"가 무엇일까 하고 생각해보니, "시是" 자를 후려 쓰면 "족足" 자로 보일 수가 있다. 생각해보니 내가 몇 년 전에 JTBC

에서 "차이나는 도올"이라는 인기프로를 진행했는데, 그때 참여자들에게 작품을 하나씩 선사했던 것이다. 그런데 철민 군 부인이 시구야를 족구야로 읽고 있었던 것이다.

"그래도 좋으니라! 족足히 구丘로다 라고한들 어떠하리! 석열이 부부처럼 숨지 않고 열심히, 돈도 얼마 벌지 못하면서, 당당히 연극무대 위에서 사는 너희들이야말로 이 민족, 이 민주의 주체니라!"

공자 말년에 공자의 마차를 모는 어린 제자(46세 연하)가 한 명 있었다. 그 이름을 번지樊遲라 했다. "번지"라 하면 "번지점프" 생각이 나서 그 이름을 잊어버리지 않는다. 번지는 공자 수레 앞에 앉아 말을 몰면서 수레상자 안에 앉아있는 공자와 뒤돌아보면서 이야기를 많이 나누었기 때문에 이 양인의 대화가 『논어』에 많이 실려있다. 그리고 번지는 어리고 발랄해서 질문 방식이 다이렉트하고 간결하다. 「안연」편(12-22)에 실려있는 대화 한 토막을 소개한다:

樊遲問仁。子曰: "愛人。" 問知。子曰: "知人。"
번지문인 자왈 애인 문지 자왈 지인
樊遲未達。子曰: "擧直錯諸枉, 能使枉者直。"
번지미달 자왈 거직조저왕 능사왕자직

번지가 공자님 수레를 모는 중에 뒤돌아보며 문득 여쭈었다: "선생님! 선생님께서 항상 말씀하시는 인仁이라는 게 과연 뭘까요?" 공자께서 말씀하시었다: "사람을 아끼는 것이니라." 번지가 이어 여쭈었다: "이왕 얘기가 나온 김에 한 말씀 더 여쭙겠습니다. '안다는 것'이 과연 무엇일까요?" 공자께서 말씀하시었다: "사람을 아는 것이다." 그런데 공자께서 말씀을 해놓고 보니, 번지란 놈이 영 깨달아 먹은 것 같지를 않았다. 그래서 한마디를 더 첨가하시었다: "반듯한 재목을 굽은 재목 위에 쌓아 놓으면 굽은 재목이 펴지나니라. 이와 같이 곧은 사람을 들어 굽은 사람 위에 놓으면 모든 굽은 사람들도 곧게 될 수 있나니라."

참으로 명언이라 아니할 수 없다. 이것이 BC 6세기의 생생한 일상언어의 기록이라 할 때, 1세기에 성립한 기독교복음서가 신화적 케리그마에 갇혀있는 것을 생각하면, 놀라운 문명의 진보라 아니할 수 없다. 이 『논어』의 대화는 그대로 우리민족의 고조선의 대화수준을 나타내는 것이다. 먼저 공자사상의 핵인 인仁을 이렇게 간결하고 쉽게 표현한다는 것은 참으로 경이로운 사상의 표현이다.

"인이 무엇입니까?"

"사람을 아끼는 것이니라."

여기 "문인問仁"에 대하여 공자는 "애인愛人"이라는 두 음절을 말했을 뿐이다. 요즈음 사람들이 모두 한문을 그 오리지날한 고유 맥락에서 이해하지를 못하고 현대어적 관용구적 용법속에서 고어를 이해한다. 이러한 현대어적 해석에는 반드시 서양언어적 의미나 통사(문법)의 관행이 끼어들게 마련이다. 그래서 대뜸 "애인愛人"이라면 "사람을 사랑한다"라고 번역한다. 옛말에 "사랑한다"는 말이 없는 것은 아니지만 그 의미맥락이 요즈음 청춘남녀들이 쓰는 "to love"의 의미와는 거리가 멀다.

"to love"라는 말은 남녀지간에 섹스를 빼놓으면 남는 것이 별로 없다. 남녀지간의 사랑으로 쓰이는 말은 "괴다," "생각하다," "사모하다," "그리워하다"(만해는 "긔루다"라고 표현)는 의미맥락으로 쓰이는 용례가 더 많은 내용을 내포하고 있다. 누구를 그리워하고 많이 생각하면 그것이 사랑인 것이다. "괴다"라는 우리 고어는 일본어의 "코이恋"라는 말에 보존되어 있다. "괴다"는 "코이스루"이다.

우리말의 "애愛"라는 말은 "사랑"보다는 "아끼다"라는 표현이 더 정확한 의미를 전달한다. 『주해천자문註解千字文』에도 "앗길이"라고 훈을 달아놓았다. 내가 제자를 사랑한다는 것은, 그 제자의 재능을 아끼고 길러주는 것을 의미한다. 내가 나의 부인을 사랑하는 것은 결국 나의 부인을 아낀다는 것이다. 내가 나의 부하를 사랑한다는 것은 그들의 생명과 재산을 소중하게 아낀다는 뜻이다(애愛=아낌의 직접적 사례는 「팔일」 3-17에서 볼 수 있다).

그리고 "애인愛人"이라는 표현을 보면 놀라운 것이 "애민愛民"이라 되어있지 않다는 사실이다. "백성"이라는 국가적 개념을 떠나 보편적 인간으로써 애愛의 목적을 삼고 있다는 것이다. 결국 인仁이라는 것은 "인간을 아끼는" 보편주의적 가치를 의미한다. 이것은 공자의 국가관이 아니라 공자의 인간학(philosophical anthropology)이다.

석열아! 과연 너는 인仁한가? 그렇다면 너는 애인을 실천했는가? 네가 우리 국민을 사랑한다구! 얘야! 그런 얘기 하덜마라! 징그러워 닭살이 돋는다. 대통령이 되려면 최소한 국민을 아낄 줄 알아야 하는데 너는 국민을 아꼈느냐? 도대체 네가 인간을 아낄 줄 아는 놈이냐? 너의 잘못을 반성하지는 않고, 금방 들통날 거짓말을 밥먹듯이 하고, 계엄을 선포하여 시민을 영장 없이 네 마음대로 체포·구금·처단하고 싶어 안달하는 네가 "애인愛人"을 말할 자격이 있는가? 체포·구금할 일이 발생한다면 그 궁극적 원인은 바로 너에게 있는 것이다. 보통사람들의 잘못은 그 궁극적 원인이 지배계급의 탐욕에 있는 것이다.

그래서 공자는 말한다: "사람이 허물을 저지를 수는 있다. 그러면 그 허물을 고치면 그만이다. 반성을 통해 인격이 고양될 수도 있기 때문이다. 그런데 문제는 허물을 저지르고도 그 허물을 고치지 않는다는 것, 그것이야말로 허물이니라(과즉불개過則不改, 시위과의是謂過矣。「위령공」 15-29)."

12·3 계엄사태를 접하신 국민 여러분! 과연 윤석열이가 이 나라 애인愛人의 주主가 될 수 있다고 생각하십니까? 태극기부대 여러분! 백골단 동지 여러분! 여러분은 과연 충심으로 석열이를 아끼고 사랑해서 석열이를 호위하고 계시나이까? 석열산성이 된 대통령관저 경호관 여러분! 당신들은 우수한 인재이기 때문에 뽑혀 그 자리에까지 왔습니다. 그러나 당신들이 경호하는 석열이는 더이상 이 나라의 리더가 아닙니다. 이미 체포영장이 발부된 피의자요, 내란의 수괴입니다. 왜 그를 경호합니까? 박정훈 대령의 정의로운 결단을 배우십시오. 그대들의 결단이 국가의 운명을 좌우할 수도 있습니다. 그를 법앞으로 당당히 내보내십시오. (※ 2025년 1월 15일 오전 10시 33분 내란사태 43일만에 체포영장 집행. 죄명은 "내란 우두머리." 경호관들은 의로운 선택을 했다).

번지는 이어서 또 물음을 던진다: "공자 선생님, 과연 '안다'

는 것이 무엇인가요?" 여기서 번지는 인간의 지식(Knowledge)에 관한 근원적인 질문을 던지고 있다. 서양의 지성사에 있어서 이 질문은 항상 인식론epistemology의 문제로 나타난다. 인간의 인식체계의 정당성을 묻는 것이다. 이것은 서양의 학문 자체가 존재하지 않는 것, 사실이 아닌 거짓말로부터 출발하였기 때문에 항상 인식 그 자체를 시험대 위에 올려놓는 것이다. 플라톤의 이데아도 존재하지 않는 것이다. 인간의 관념의 장난이다. 역사적 예수의 행위는 진실한 바가 있지만 복음서 기자들이 말하는 기적이나 부활은 거짓말이다. 있지도 않고 거짓말인 것을 정당화하려는 데서 서양의 기나긴 인식론의 역사가 시작되었고 정교하게 다듬어졌다. 그러나 우리 동방의 사람들, 고조선의 사람들은 그런 픽션의 장난에 놀아나지 않는다.

"선생님, 안다는 것이 무엇입니까?"

"사람을 아는 것이다."

"문지問知"에 대해 "지인知人"이라고 간결히 대답한다. 인식론이 아닌 인간학의 문제로 지知의 문제를 선회시킨 것이다. 그리고 "사람을 안다"라는 명제를 다시 이와같이 풀이한다.

"곧은 재목을 굽은 재목 위에 쌓아 놓으면 굽은 재목들이 펴진다. 마찬가지로 곧은 사람을 굽은 사람 위에 놓으면 굽은 사람들도 펴질 수 있다. 이것이 바로 '지인知人'이며 정치의 핵심이다."

지知는 형이상학적 인식의 문제가 아니라 형이하학적 사회정의에 관한 문제이다. 인간을 알면 사회가 곧바르게 된다. 그런 사회에서는 국민이 정부기구에 대하여 진정한 감사를 느낀다. 폴리테이아의 궁극은 이데아의 유토피아가 아니라, 바로 "거직조저왕擧直錯諸枉"의 실현인 것이다.

석열아! 너는 박정훈과 같은 직直한 사람을 별승진꿈에 온갖 더티한 장난들을 하고 있는 군대 하이어라키 위에 올려놓을 생각을 했느냐? 격노에 부르르 떠는 너는 박정훈을 죽이려 했느니라! 그리하고서도 너는 사람을 안다고 말할 수 있느냐? 너는 과연 이 나라를 다스릴 자격이 있느냐? 밤마다 술 쳐먹으며 정신이 혼미해질 뿐 그 굽어진 너의 존재를 국민 위에 올려놓으면 국민들도 너처럼 굽어질 줄 알았느냐? 굽은 것을 직한 데 올려놓는다고 직한 것이 굽어질 수는 없는 것이다. 너는 천공, 건진, 명태균, 김태효와 같은, 힘없이 굽어버린 픽션을 상식의 대세 위에 올려놓고 정치를 하려 했으니 참으로 어리석고 불쌍하다! 오호~ 애재라!

유교의 이상

천하주유 과정에서 공자가 자기 삶의 이상을 말한 진솔한 한 마디로써 이 단락의 언어를 끝내려 한다.

공자가 노나라에서 실각을 하고 14년간 열국을 편력할 때의 이야기였을 것이다. 이 천하주유의 시기에 공자를 시종 굳건히 지킨 것은 자로와 안회였다. 이 담화의 정확한 시점은 알 수가 없다. 이 세 사람은 마차에 먹을 것, 요리기구, 잠자리, 텐트까지 싣고 편력을 했다. 어느 화창한 봄날 이 세 사람은 뒷동산에서 편하게 담소를 나누고 있었다. 이때 공자가 제안을 하나 했다: "제자들아! 우리가 제각기 인생에 품고 있는 이상이 있지 않겠니? 심심한데, 우리 그것을 이야기해 보기로 하자!"

그랬더니 역시 제일 먼저 나서는 것은 씩씩한 자로였다: "형님 전 말이죠. 고급수레와 말, 멋드러진 웃도리와 가벼운 털가죽외투를 얻어 그것을 친구들과 함께 쓰다가 다 헤지더라도 유감이 없으면 좋겠습니다." 자로다운 호기豪氣이다. 공자는 이어 안연에게 물었다. 안연은 얌전하게 모범생다웁게 말한다: "선생님, 저는 잘함을 자랑치 아니하고 공로를 드러내지 않는 고요한 삶을 살고 싶습니다."

자로가 가만히 있을 리 없다.

"자아~ 이제 우리가 말했으니 형님 인생 이상이 무엇인지 한 번 말해보슈!"

공자의 마지막 이 한마디가 동양정치사의 대강大綱이 되고 대본大本이 되고, 대망大望이 되었다는 것을 당시 이들은 이해하지 못했을 것이다.

子曰: "老者安之, 朋友信之, 少者懷之。"
자 왈 노 자 안 지 붕 우 신 지 소 자 회 지

늙은이들에게는 편안하게 느껴지는 그런 사람이 되고, 친구들에게는 믿음직스럽게 느껴지는 그런 사람이 되며, 젊은이들에게는 그리움의 대상이 되는 그런 사람이 되고 싶단다.

이것은 앞에 나오는 말을 목적으로 해석해도 된다.

늙은이들은 편안히 사시도록 해드리고, 친구들에게는 신뢰감을 주며, 어린이들은 가슴에 품어주는 그런 인간이 되고 싶단다.

여기에 자유니, 평등이니, 제도니, 민주니 하는 말도 없다. 그러나 이러한 근대적 가치를 다 포용하고도 남는 고조선 사람들의 정감이 넘쳐나고 있다. 정치는 감정이요 생활이요 생명이요 만족이다. 노자老者는 과거요, 붕우朋友는 현재요, 소자少者는 미래다. 그러나 과거도 미래도 다 현재를 바탕으로 엮어져 있다. 정치는 새로움의 진화이다. 끊임없이 자아를 반성하고 개방하면서 미래를 창조하는 것이다. 정치는 창조적 전진이다. 이 3자 중에서 가장 중요한 것은 역시 "소자회지少者懷之"다. 젊은이들에게 그리움, 미래에 대한 희망을 주는 것이다. 석열아! 그대는 과연 "소자회지少者懷之"를 말할 수 있겠는가! 윤석열이를 그리움의 대상으로 삼는 젊은 세대가 있을 것인가!

탈주술과 입주술

마지막으로 막스 베버Max Weber, 1864~1920가 말하는 탈주술화脫呪術化*Entzauberung*에서 힌트를 얻은, 오늘날 우리사회의 현상에 약간의 통찰을 이야기하려 한다. "탈주술화"는 근대적인 합리성rationality과 밀접한 관계를 맺고 있다. 주술은 우리가 "종교"라고 부르는 사회조직 이전의 개인화된 사적행위로서 개별적인 이해를 추구하는 것이다. 주술은 초월적인 힘의 존재에 대하여 인간이 주술이라는 수단을 통하여 그 힘을 끌어낼 수 있으며, 그 끌어낸 힘을 인간세의 관계양상에 작용을 미치게 할 수 있다는 신념을 말한다.

우리가 보통 근대화(modernization)라고 하면, 다음의 다섯 가지 주제에 걸쳐 그 의미를 규정할 수 있다. 1)인간관: 인간을 세계의 중심으로 보는 인간중심화의 추세, 2)정치관: 국가권력을 자유롭고 평등한 시민에 기초하여 새롭게 짜야 한다는 민주화의 과정. 시민혁명과 민족주의의 추세. 3)경제관: 고도로 공업화된 생산력의 구축을 지향하는 산업화의 과정. 산업혁명, 산업주의, 생산지상주의적 체제. 4)사회조직형태론: 농촌으로부터 도시에로 흘러드는 대규모의 인구이동에 따라 도시적 생활양식이 일반화되는 도시화과정. 도시는 거대한 야만이 되었다. 5)문화관: 실증가능한 과학적 지식을 지고한 것으로 간주하는 과학지상주의 경향. 지식의 탐구를 세계제패의 일환으로 본다.

이상의 경향이 다 좋다는 것이 아니고, 근대화에 수반되는 문명과정의 일반적 특성을 적은 것이다. 막스 베버는 이 근대화과정을 관통하는 주제를 "합리성"이라고 말한다. "근대화"라는 것은 그에 의하면 합리주의(rationalism)가 제패制覇하는 합리화과정이라고 본다. 이 합리화과정은 세계가 반드시 주술에 의한 의미부여로부터 해방되어야 하며, 인간이 만들어내는 이론적 지식에 의하여 그 세계는 지배된다고 본다.

나는 이러한 근대에 관한 논의를 본질적으로 수용하지 않는다. 우리 사회는 기나긴 샤마니즘, 불교, 도교, 유교의 전통 속에서 이미 서구적 합리성이나 이론성의 수준을 능가해 왔기 때문에 문명의 단계를 주술과 탈주술의 이원적 대립으로 볼 수만은 없는 중층구조를 지니고 있다. 현재 국민의 80%가 모두 열렬한 종교인이며, 그 중 일본에는 1% 미만, 중국에는 3% 미만에 그치고 있는 기독교인이 우리나라는 유독 30%가 넘는다. 종교가 한국인의 다수에게 큰 호소력을 지니는 정신적 힘인 것만은 분명하다. 합리적 전통이 강할수록 비합리적 주술의 힘이 발현된 공허한 공간도 크다는 것을 말할 수 있다. 특히 한국의 기독교는 신앙과 주술이 구분이 잘 안되는 지극히 이해타산적인 종교라고 말할 수도 있다.

현대사회에서는 정치와 종교가 분리되는 것이 상식이다. 실존적 결단의 틀 속에 머물러야 하는 종교가 정치 · 행정 같은 공적인 영역을 침범할 수 없다. 사실 막스 베버가 말하는 주술은 종교이전의 매우 사적인 영역의 단계이다. 종교는 제도화된 제식 속에서 인간에게 안위를 제공한다. 그러나 주술은 극히 개인적이며 제도를 거부하며 자신의 욕망을 극대화시키기 위해 타인을 사악속으로 빠트리는 짓을 서슴치 않고 행한다. 김건희의 주술은 공적가치와 무관한 흑마술에 가깝다.

윤석열의 부인인 김건희라는 존재는 주술적 마력에 본인이 사로잡혀 있거나 그러한 힘을 스스로 발현할 수 있는 카리스마가 있는 여인임이 분명하다. 지금 기본적으로 윤석열은 김건희의 마력(주술)에 노예가 되어있는 상태이다. 윤석열은 자기가 스스로 자기의 세계를 암호적으로 창조하는 기괴한 존재이다. 그는 자기도 알지 못하는 암호에 끌려다니고 있다. 석열이는 기실 자기가 누구인지를 모른다. 그는 마구 유체이탈幽體離脫을 하는 듯이 보인다. 자기가 하고 있는 행동이 어떠한 인과관계 속에서 이루어지고 있는지를 전관全觀할 수 있는 암호해독능력이 전혀 없다. 그 암호를 푸는 열쇠는 김건희가 장악하고 있고, 그 힘의 원천은 건진이나 천공과 같은 주술사의 마술일 것이라고 나는 생각한다. 앞으로 수사가 제대로 이루어진다면, 건진이나 천공, 그리고 좀 차원이 다른 술사인 명태균 같은 존재가 김건희의 정신세계에 어떠한 암호를 심어놓았는지, 그 메시지를 정확히 조사할 필요가 있다.

탈주술화를 거쳐 근대사회로 이행하여 그 아방가르드적인 모험을 감행하던 한국이, 최근 다시 입주술화入呪術化를 거쳐 원시사회에로 퇴행하고 있는 이 기묘한 현상은 기존의 주술적 종교현상으로 이해해서는 아니 될 것이다. 김건희에 씌워진 마술은 마술 중에서도 왕마술에 속하는 새로운 차원의 "구원욕구"이며, 그녀가 말하는 "구원"이란 정신적 해탈을 의미하는 것이 아니라 극대화된 욕망의 충족이며, 전혀 합리성이나 공동체성의 보편주의를 갖지 못하는 순전히 개인적인 판타지라는 데 문제가 있는 것이다. 윤석열은 그녀의 구원판타지에 노예가 되어있으며 그녀는 석열이의 모든 행동을 콘트롤할 수 있는 그랜드한 암호체계를 소유하고 있다고 보아야 한다.

반민특위, 약산 김원봉

이러한 판타지의 지속으로 국민들은 상당히 불안에 떨고 있는 것도 사실이다. 그러나 해방 후 우리역사에 등장하였던 반민특위(반민족행위특별조사위원회反民族行爲特別調査委員會)를 한번 생각해보자! 1948년 9월 7일 제헌국회는 국권강탈에 적극 협력한 자, 일제치하의 독립운동가나 그 가족을 살상·박해한 자들을 처벌하는 목적으로 반민족행위처벌법을 통과시켰다. 그러나 이 반민특위는 아무런 성과도 없이 온갖 옥신각신 끝에 다음해 10월에 와해되고 만다. 이승만 대통령은 이 법을 와해시키기 위해 5차례에 걸쳐 반민특위의 활동을 비난하는 담화문을 발표하였고, 반민특위의 활동을 저지한다. 반민특위의 과정을 살펴보면 당시 우리 사회가 얼마나 무질서했으며 얼마나 친일파세력이 지독하게 사회 전반을 장악하고 있었는지가 드러난다.

그렇게 열렬하게 대륙을 휩쓸면서 무장투쟁을 했던 약산 김원봉金元鳳, 1898~1958(의열단의 창설자로서, 조선의용대를 조직, 대한민국임시정부의 군무부장)은 해방 후 귀국했을 때 악랄한 일제·대한민국의 고등계 형사 노덕술盧德述, 1899~1968에게 고문을 당했다(1947년

4월). 노덕술은 일제강점기에 가장 많은 조선인 지사들을 체포·구금·고문을 감행한 악질경찰이다. 반민특위의 처벌, 상징적인 제1호대상이었으나 이승만은 결국 그를 석방시켰다(노덕술은 반민특위의 간부 암살음모를 주도하기도 했다. 이승만은 노덕술을 반공투사로 찬양했다). 그리고 경기도 경찰부 보안주임으로 영전하였고, 이후 헌병중령으로 변신하여 1950년 육본에서 범죄수사단장으로 근무하며 대공업무를 담당했다. 1955년 서울15범죄수사대 대장을 지냈다. 경상남도 울산에서 국회의원에 출마까지 했다. 천수를 누리며 잘 살았다. 한편 그에게 고문을 받은 천하의 영웅 김원봉은 김구·김규식 등과 함께 남북협상(1948)에 참여한 후 노덕술이 설치는 조국의 꼴에 분노하며 결국 남한으로 되돌아오지 않았다. 북한의 정치범수용소에서 청산가리를 먹고 외롭게 숨졌다.

반민특위의 좌절은 결국 애국투사의 대표로 꼽힐 수 있는 약산이 패망하고 수백·수천 명의 조선인을 고문한 악질경찰 노덕술이 성대한 삶을 사는 불결한 역사의 파노라마를 연출하였다. 최소한 우리 사회가 아무리 불의를 용납한다 하더라도 약산이 노덕술에게 린치당하는 비극은 없어야 하지 않을까? 김건희·윤석열의 정치 패러다임은 이러한 비극에 관심이 없다. 오직 개인의 부귀영화에만 매달린다.

김건희·윤석열 부부의 처리는 단지 김·윤 두 개인의 단죄로 끝나서는 아니된다. 좌절된 반민특위가 소기했던 바 사회정의를 철저히 실현하는 방향으로 진행되어야 한다. 윤석열이가 한남동 석열산성에서 분투하는 모습도 결국 더 많은 밀정을 드러내고, 친일분자들의 죄악이 더 이상 이 역사에 작동할 수 없도록 만드는 역행보살의 우행일 수도 있다. 이 시점에 우리가 외쳐야 할 것은 승리를 확신하는 민중의 신념뿐이다.

나는 김어준 총수가 국회에 나와서 발언할 때, 너무도 놀라움을 금할 수 없었다. 계엄과정에서 핵심세력 그 누구가 HID대원(북한군으로 위장)을 활용하여 한동훈을 사살하고, 북한군위장 난동을 일으켜 전쟁을 유발시킨다는 매우 구체적이고도 현실적인 전략을 짰다는 과방위 증언을 하는 것이다. 이 나라 대통령이 일본제국군대가 훈춘사건을 조작하여 만주침략과 조선독립군토벌을 획책한 것과 똑같은 방식의 더티 플레이를 감행하여 새로운 한국전쟁을 일으키려 했다는 것이다. 상식적으로는 이해가 되지 않는 말이지만, 앞서 말한 김건희의 입주술화入呪術化 역사인식에 비추어보면 충분히 이해가 가는 것이다.

지금 윤석열의 발악이 장기화되면(※ 물론 한계가 곧 드러나겠지만) 될수록 이 땅의 노덕술이 남김없이 드러나는, 헤겔이 말하는 바 "이성의 간교"의 활약이 도드라지게 되는 것이다. 우리민족의 역사혼(*Geist*)은 반드시 아사달의 **재세리화**在世理化(환웅천왕이 신시를 베풀고 그곳 세상에 있으면서 모든 것을 합리적으로 변화시킨다는 뜻인데, 헤겔이 말하는 절대정신의 이성적 전개와 관련이 있는 역사기술 표현이다)를 실현할 것이다. 석열이와 건희의 발악을 통해 이 땅의 모든 흑마술을 걷어내고 이 지구상에서 보기 힘든 합리적이고 정직하고 상식적인 삶의 세계를 건설할 것이다. 석열과 건희의 운명은 이미 결정된 것이다.

나는 제자들과 함께 우리나라 조선사상사에는 큰 자리를 차지하지 않지만 실제로 동아시아 신유학 사조의 원형인『정몽正蒙』이라는 위대한 경전을 해독하는 세미나를 진행하고 있다.『정몽』세미나에 참석하는 오항녕 군이 마지막에 갑자기 일어나더니 노래를 한 곡 꼭 불러야겠다고 말하는 것이다. 나는 "웰컴"이라고 말하면서 그의 구수한 노래를 듣기 시작했다. 그랬더니 참석한 30여 명의 학자들이 그 노래가사를 즐겨 같이 합창하는 것이다. 그런데 나는 들어본 적이 없는 노래였다. 가사도 익숙치 못했다. 그런데 생각해보니 그 가사가 보통 깊이 있는 가사가 아니었다. 송창식의『토함산』이었다.

토함산에 올랐어라
해를 안고 앉았어라
가슴속에 품었어라
세월도 아픔도 품어 버렸어라 아~하

터져 부서질 듯
미소짓는 님의 얼굴에도
천년의 풍파세월 담겼어라

바람 속에 실렸어라
흙이 되어 남았어라
임들의 하신 양
가슴속에 사무쳐서 좋았어라 아~하

한발 두발 걸어서 올라라
맨발로 땀흘려 올라라
그 몸뚱이 하나
발바닥 둘을
천년의 두께로 떠받쳐라
산산이 가루져
공중에 흩어진 아침
그 빛을 기다려
하늘을 우러러
미소로 웃는 돌이 되거라

힘차게 뻗었어라

하늘 향해 벌렸어라

팔을 든 채 이대로

또 다시 천년을 더 하겠어라 아~하

세월이 흐른 뒤 다시 찾는 님 하나 있어

천년 더한 이 가슴을 딛고 서게 아~하

한발 두발 걸어서 올라라

맨발로 땀흘려 올라라

그 몸뚱이 하나

발바닥 둘을

천년의 두께로 떠받쳐라

산산이 가루져

공중에 흩어진 아침

그 빛을 기다려

하늘을 우러러

미소로 웃는 돌이 되거라

한발 두발 걸어서 올라라

맨발로 땀흘려 올라라

그 몸뚱이 하나

발바닥 둘을

천년의 두께로 떠받쳐라

산산이 가루져

공중에 흩어진 아침

그 빛을 기다려

하늘을 우러러

미소로 웃는 돌이 되거라

2024년 12월 20일 밤 7시 42분 붓을 들다

2025년 1월 11일 밤 8시 52분 탈고

서재 앞의 설중매

붉은 색 꽃 몽우리는 영하 20°의 기나긴 맹추위에도 아랑곳하지 않고 끝내 생명의 봄을 피운다.

상식 _ 우리는 이러했다

2025년 1월 23일 초판 발행
2025년 2월 10일 1판 3쇄

지은이 _ 도올 김용옥
펴낸이 _ 남호섭
편집책임 _ 김인혜
편집 _ 임진권 · 신수기
제작 _ 오성룡
표지디자인 _ 박현택
인쇄판 출력 _ 토탈프로세스
라미네이팅 _ 금성L&S
인쇄 _ 봉덕인쇄
제책 _ 강원제책

펴낸곳 · 통나무
서울특별시 종로구 동숭동 199-27
전화: 02) 744-7992
출판등록 1989. 11. 3. 제1-970호

값 15,000원
ISBN 978-89-8264-162-6 (03910)